学习宣传贯彻十九届中央纪委六次全会精神

零容忍

将全面从严治党进行到底

——《零容忍：将全面从严治党进行到底》编写组◎编——

新 华 出 版 社

图书在版编目（CIP）数据

零容忍：将全面从严治党进行到底 / 《零容忍：将全面从严治党进行到底》编写组编. -- 北京：新华出版社, 2022.1（2025.2重印）
ISBN 978-7-5166-6189-5

Ⅰ. ①零… Ⅱ. ①零… Ⅲ. ①中国共产党－党的建设－学习参考资料
Ⅳ. ①D26

中国版本图书馆CIP数据核字(2022)第020423号

零容忍：将全面从严治党进行到底

编　　者：《零容忍：将全面从严治党进行到底》编写组

出 版 人：匡乐成　　**出版统筹：**许　新　黄春峰
责任编辑：唐波勇　陈思淇　　**封面设计：**刘宝龙

出版发行：新华出版社
地　　址：北京石景山区京原路8号　　**邮　　编：**100040
网　　址：http://www.xinhuanet.com/publish
经　　销：新华书店、新华出版社天猫旗舰店、京东旗舰店及各大网店
购书热线：010－63077122　　**中国新闻书店购书热线：**010－63072012

照　　排：六合方圆
印　　刷：大厂回族自治县众邦印务有限公司

成品尺寸：160mm × 230mm
印　　张：12.25　　**字　　数：**160千字
版　　次：2022年3月第一版　　**印　　次：**2025年2月第八次印刷

书　　号：ISBN　978-7-5166-6189-5
定　　价：36.00元

习近平在十九届中央纪委六次全会上发表重要讲话

中共中央总书记、国家主席、中央军委主席习近平18日上午在中国共产党第十九届中央纪律检查委员会第六次全体会议上发表重要讲话。他强调，总结运用党的百年奋斗历史经验，坚持党中央集中统一领导，坚持党要管党、全面从严治党，坚持以党的政治建设为统领，坚持严的主基调不动摇，坚持发扬钉钉子精神加强作风建设，坚持以零容忍态度惩治腐败，坚持纠正一切损害群众利益的腐败和不正之风，坚持抓住“关键少数”以上率下，坚持完善党和国家监督制度，以伟大自我革命引领伟大社会革命，坚持不懈把全面从严治党向纵深推进。

中共中央政治局常委李克强、栗战书、汪洋、王沪宁、韩正出席会议。中共中央政治局常委、中央纪律检查委员会书记赵乐际主持会议。

习近平指出，2021年是中国共产党成立一百周年。党中央坚定不移推进全面从严治党，为全面建设社会主义现代化国家开好局、起好步提供了有力政治保障。今年是党的十八大以来第十个年头，十年磨一剑，党中央把全面从严治党纳入“四个全面”战略布局，以前所未有的勇气和定力推进党风廉政建设和反腐败斗争，刹住了一些多年未刹住的歪风邪气，解决了许多长期没有解决的顽瘴痼疾，清除了党、国家、军队内部存在的严重隐患，管党治党宽松软状况得到根本扭转，探索出依靠党的自我革命跳出历史周期率的成功路径。党的十八大以来，全面从严治党取得了历史性、开创性成就，产生了全方位、深层次影响，必须长期坚持、不断前进。

习近平指出，一百年来，党外靠发展人民民主、接受人民监督，内靠全面从严治党、推进自我革命，勇于坚持真理、修正错误，勇于刀刃向内、刮骨疗毒，保证了党长盛不衰、不断发展壮大。全面从严治党是新时代党的自我革命的伟大实践，开辟了百年大党自我革命的新境界。必须坚持以党的政治建设为统领，坚守自我革命根本政治方向；必须坚持把思想建设作为党的基础性建设，淬炼自我革命锐利思想武器；必须坚决落实中央八项规定精神、以严明纪律整饬作风，丰富自我革命有效途径；必须坚持以雷霆之势反腐惩恶，打好自我革命攻坚战、持久战；必须坚持增强党组织政治功能和组织力凝聚力，锻造敢于善于斗争、勇于自我革命的干部队伍；必须坚持构建自我净化、自我完善、自我革新、自我提高的制度规范体系，为推进伟大自我革命提供制度保障。

习近平强调，党的十八大以来，我们继承和发展马克思主义建党学说，总结运用党的百年奋斗历史经验，深入推进管党治党实践创新、理论创新、制度创新，对建设什么样的长期执政的马克思主义政党、怎样建设长期执政的马克思主义政党的规律性认识达到新的高度。这就是坚持党中央集中统一领导，坚持党要管党、全面从严治党，坚持以党的政治建设为统领，坚持严的主基调不动摇，坚持发扬钉钉子精神加强作风建设，坚持以零容忍态度惩治腐败，坚持纠正一切损害群众利益的腐败和不正之风，坚持抓住“关键少数”以上率下，坚持完善党和国家监督制度，形成全面覆盖、常态长效的监督合力。

习近平指出，要巩固拓展党史学习教育成果，更加坚定自觉地牢记初心使命、开创发展新局。要深入学习贯彻党的十九届六中全会精神，持之以恒推进党史学习、教育、宣传，引导全党坚定历史自信，让初心使命在内心深处真正扎根，把忠诚于党和人民落到行动上，继承弘扬党的光荣传统和优良作风，为党和人民事业赤诚奉献，在新的赶考之路上考出好成绩。

习近平强调，要强化政治监督，确保完整、准确、全面贯彻新发展理念。要把握新发展阶段、贯彻新发展理念、构建新发展格局、推动高质量发展，引导督促党员、干部真正悟透党中央大政方针，时时处处向党中央看齐，扎扎实实贯彻党中央决策部署，不打折扣、不做表面文章，纠正自由主义、本位主义、保护主义，不因一时一地利益而打小算盘、耍小聪明，确保执行不偏向、不变通、不走样。

习近平指出，要保持反腐败政治定力，不断实现不敢腐、不能腐、不想腐一体推进的战略目标。我们必须清醒认识到，腐败和反腐败较量还在激烈进行，并呈现出一些新的阶段性特征，防范形形色色的利益集团成伙作势、“围猎”腐蚀还任重道远，有效应对腐败手段隐形变异、翻新升级还任重道远，彻底铲除腐败滋生土壤、实现海晏河清还任重道远，清理系统性腐败、化解风险隐患还任重道远。我们要保持清醒头脑，永远吹冲锋号，牢记反腐败永远在路上。只要存在腐败问题产生的土壤和条件，腐败现象就不会根除，我们的反腐败斗争也就不可能停歇。领导干部特别是高级干部要带头落实关于加强新时代廉洁文化建设的意见，从思想上固本培元，提高党性觉悟，增强拒腐防变能力。领导干部要增强政治敏锐性和政治鉴别力。领导干部特别是高级干部一定要重视家教家风，以身作则管好配偶、子女，本分做人、干净做事。

习近平强调，要加固中央八项规定的堤坝，锲而不舍纠“四风”树新风。形式主义、官僚主义是党和国家事业发展的大敌。要从领导干部特别是主要领导干部抓起，树立正确政绩观，尊重客观实际和群众需求，强化系统思维和科学谋划，多做为民造福的实事好事，杜绝装样子、搞花架子、盲目铺摊子。要落实干部考核、工作检查相关制度，科学评价干部政绩，促进干部更好担当作为。要加强对党中央惠民利民、安民富民各项政策落实情况的监督，集中纠治教育医疗、养老社保、生态环保、安全生产、食品药品安全等领域群众反映强烈的突出问题，巩固深化扫黑除恶专项斗争、政法队伍教育整顿成果，让群众从一个个具体问题的解决中切实感受到公平正义。

习近平指出，要加强年轻干部教育管理监督，教育引导年轻干部成为党和人民忠诚可靠的干部。要从严从实加强教育管理监督，引导年轻干部对党忠诚老实，坚定理想信念，牢记初心使命，正确对待权力，时刻自重自省，严守纪法规矩，扣好廉洁从政的“第一粒扣子”。年轻干部一定要有清醒的认识，经常对照党的理论和路线方针政策、对照党章党规党纪、对照初心使命，看清一些事情该不该做、能不能干，守住拒腐防变的防线。

习近平强调，要完善权力监督制度和执纪执法体系，使各项监督更加规范、更加有力、更加有效。各级党委（党组）要履行党内监督的主体责任，突出加强对“关键少数”特别是“一把手”和领导班子的监督。纪检监察机关要发挥监督专责机关作用，协助党委全面从严治党，推动党内监督和其他各类监督贯通协同，探索深化贯通协同的有效路径。要加强对换届纪律风气的监督，坚持党管干部原则，强化党组织领导和把关作用，特别是要严把政治关、廉洁关。

习近平指出，纪检监察机关和纪检监察干部要始终忠诚于党、忠诚于人民、忠诚于纪检监察事业，准确把握在党的自我革命中的职责任务，弘扬党百年奋斗形成的宝贵经验和优良作风，紧紧围绕党和国家工作大局发挥监督保障执行作用，更加有力有效推动党和国家战略部署目标任务落实。纪检监察队伍必须以更高的标准、更严的纪律要求自己，锤炼过硬的思想作风、能力素质，以党性立身做事，刚正不阿、秉公执纪、谨慎用权，不断提高自身免疫力，主动接受党内和社会各方面的监督，始终做党和人民的忠诚卫士。

赵乐际在主持会议时指出，习近平总书记重要讲话，深刻总结新时代党的自我革命的成功实践，深刻阐述全面从严治党取得的历史性开创性成就、产生的全方位深层次影响，对把全面从严治党向纵深推进、迎接党的二十大胜利召开作出战略部署。讲话立意高远、思想深邃、内涵丰富，具有很强的政治性、指导性、针对性，是推进新时代党的建设新的伟大工程的基本遵循，是纪检监察工作高质量发展的行动指南。要深入学习贯彻习近平总书记重要讲话精神，增强“四个意识”、坚定“四个自信”、做到“两个维护”，以永远在路上的坚定执着，继续打好党风廉政建设和反腐败斗争攻坚战持久战，为保持平稳健康的经济环境、国泰民安的社会环境、风清气正的政治环境作出应有贡献。

中共中央政治局委员、中央书记处书记，全国人大常委会有关领导同志，国务委员，最高人民法院院长，最高人民检察院检察长，全国政协有关领导同志以及中央军委委员出席会议。

中央纪律检查委员会委员，中央和国家机关各部门、各人民团体主要负责同志，军队有关单位、中央军委机关各部门主要负责同志等参加会议。会议以电视电话会议形式举行，各省、自治区、直辖市和新疆生产建设兵团以及军队有关单位设分会场。

中国共产党第十九届中央纪律检查委员会第六次全体会议于1月18日在北京开幕。中央纪律检查委员会常务委员会主持会议。18日下午赵乐际代表中央纪律检查委员会常务委员会作题为《运用党的百年奋斗历史经验推动纪检监察工作高质量发展，迎接党的二十大胜利召开》的工作报告。

新华社北京1月18日电

目 录
CONTENTS

习近平在十九届中央纪委六次全会上发表重要讲话……………………… 1

第一章 正风反腐，必须“零容忍”

习近平总书记中央纪委全会重要讲话释放三个信号……………………… 3
在新的赶考之路上考出好成绩
——十九届中央纪委六次全会与会同志谈学习贯彻习近平总书记重要讲话精神 ………………………………………………………… 7
传承优良作风 奋进复兴征程
——2021 年以习近平同志为核心的党中央推进作风建设纪实 ………… 11
让人民群众切实感受到公平正义就在身边
——聚焦 2022 年政法工作六大看点 ………………………………… 23
2021 法律监督经典案例回眸，留下哪些法治进步印记 ……………… 27
家属参加廉政谈话，净化“后院” ………………………………………… 31
百年征程路 初心映江山……………………………………………… 34

延伸阅读

万千气象展新颜

——全国政法队伍教育整顿纪实 …… 43

第二章　勇于自我革命　赢得历史主动

勇于自我革命　赢得历史主动

——写在十九届中央纪委六次全会召开之际 …… 57

锻造坚强领导力量

——各地学习贯彻落实六中全会精神深入推进全面从严治党观察 …… 69

永远吹响新时代党的自我革命冲锋号 …… 75

坚持自我革命跳出历史周期率 …… 83

以伟大自我革命引领伟大社会革命 …… 86

全面从严治党，习近平这些话信息量很大 …… 93

延伸阅读

“打铁必须自身硬”

——看百年大党的政治品格 …… 98

第三章　坚定不移把反腐败斗争推向纵深

坚定执着打好党风廉政建设和反腐败斗争攻坚战持久战

——从十九届中央纪委六次全会看全面从严治党向纵深推进 …… 105

坚持不懈把全面从严治党向纵深推进

——习近平总书记在十九届中央纪委六次全会上的重要讲话

引起热烈反响 …… 111

反腐败法规制度强大能量这样汇聚 …… 115
习近平这些话有深意 …… 122
办好中国事情的关键 …… 128
为了海晏河清、朗朗乾坤
——习近平领导党风廉政建设和反腐败斗争的故事 …… 131

延伸阅读

2021 反腐记 …… 137

第四章 锻造忠诚干净担当的纪检监察铁军

锻造忠诚干净担当的纪检监察铁军
——新时代纪检监察干部监督工作综述 …… 147
重拳反腐 警钟长鸣
——新时代纪检监察工作高质量发展之“反腐篇” …… 151
正风肃纪 激浊扬清
——新时代纪检监察工作高质量发展之“作风篇” …… 156
利剑高悬 标本兼治
——新时代纪检监察工作高质量发展之“监督篇” …… 160
监督“利剑” 愈显锋芒
——新时代纪检监察工作高质量发展之“巡视篇” …… 164
追逃“天网” 越织越密
——新时代纪检监察工作高质量发展之“追逃篇” …… 168
“天网”恢恢 有逃必追
——新时代纪检监察工作高质量发展之“国家合作篇” …… 172

延伸阅读

数读 2021 年检察机关“成绩单” …………………………………… 176

附　录

中国共产党第十九届中央纪律检查委员会第六次全体会议公报……… 178

第一章

正风反腐，必须“零容忍”

扫一扫，观看

《习近平时间｜反腐“没有休止符”》

习近平总书记中央纪委全会重要讲话释放三个信号

1月18日，习近平总书记在十九届中央纪委六次全会上发表重要讲话，再次谈及自我革命这一中国共产党跳出历史周期率的“第二个答案”。

从党的十九届六中全会到开年的“省部班”，从新年贺词到此次中央纪委全会，最近两个多月来，习近平总书记在多个场合强调自我革命之于中国共产党的重要意义。

在中央纪委全会这一全面从严治党的重要会议上，总书记讲得格外深入，释放出三个鲜明信号。

信号一：阐明“跳出历史周期率”的两对关系

第一对关系，是全面从严治党和自我革命的关系。

在此次中央纪委全会上，习近平总书记对自我革命进行深入阐释，深刻分析了全面从严治党和自我革命之间的关系：“全面从严治党是新时代党的自我革命的伟大实践，开辟了百年大党自我革命的新境界。”

回望百年党史，勇于自我革命是我们党最鲜明的品格。我们党历经千锤百炼而朝气蓬勃，一个很重要的原因就是我们始终坚持党要管党、全面从严治党。

正如马克思所说，无产阶级革命与其他革命不同之处就在于：它自己批评自己，并靠批评自己壮大起来。

进入新时代，面对“四大考验”日益严峻复杂、“四种危险”更加尖锐凸显的内外形势，以习近平同志为核心的党中央以将自我革命进行到底的非凡勇气，把全面从严治党纳入“四个全面”战略布局，把严的标准、严的措施贯穿管党治党全过程和各方面，将全面从严治党不断向纵深推进。

这正是一场主动为之、刀刃向内的自我革命，是在新时代、新形势、新任务下对自我革命精神的坚持与发扬。

第二对关系，是“两个答案”外与内的关系。

如何跳出治乱兴衰的历史周期率？毛泽东同志在延安的窑洞里给出了第一个答案，这就是“只有让人民来监督政府，政府才不敢松懈”。

在党的十九届六中全会上，习近平总书记深思熟虑地指出：“经过百年奋斗特别是党的十八大以来新的实践，我们党又给出了第二个答案，这就是自我革命。”

在这次中央纪委全会上，总书记进一步阐明“第一个答案”和“第二个答案”的内在统一：“一百年来，党外靠发展人民民主、接受人民监督，内靠全面从严治党、推进自我革命，勇于坚持真理、修正错误，勇于刀刃向内、刮骨疗毒，保证了党长盛不衰、不断发展壮大。”

这是一个马克思主义政党以史为鉴、开创未来的清醒自觉，是一个百年大党接续奋斗再出发的坚定信念。

信号二：阐明“强党之问”的新回答

党的第三个历史决议，明确提出了“三大时代课题”。聚焦其中的“强党之问”——建设什么样的长期执政的马克思主义政党、怎样建设长期执政的马克思主义政党，习近平总书记在这次中央纪委全会上用“九个坚持”作出了进一步阐释——

坚持党中央集中统一领导，坚持党要管党、全面从严治党，坚持以党的政治建设为统领，坚持严的主基调不动摇，坚持发扬钉钉子精神加强作风建设，坚持以零容忍态度惩治腐败，坚持纠正一切损害群众利益的腐败和不正之风，坚持抓住“关键少数”以上率下，坚持完善党和国家监督制度，形成全面覆盖、常态长效的监督合力。

与此同时，总书记还以“六个必须”阐释了党自我革命的“组合拳”，内容涵盖政治建设、思想建设、作风建设、反腐败斗争、组织建设、制度建设等多个方面。

既有理论层面的深入思考，也有实践层面的具体部署。“六个必须”和“九个坚持”贯通融合，一体发力，深刻揭示了我们党在过去一百年，特别是党的十八大以来自我革命的成功路径，同时也为我们党未来如何继续勇于自我革命、推进全面从严治党向纵深发展提供了方法论、路线图，是习近平总书记关于党的建设思想的新概括。

信号三：坚持严的主基调不动摇

腐败是党长期执政的最大威胁，反腐败是一场输不起也决不能输的重大政治斗争。

2019 年 12 月 17 日，党员干部在福建省福州市闽清县反腐倡廉警示教育中心参观。新华社记者贺灿铃 摄

从2013年的“依然严峻”，到“依然严峻复杂”，再到2016年初的“压倒性态势正在形成”，及至“取得压倒性胜利”，党中央对反腐败斗争形势判断的字词之变，折射斗争之激烈，凸显过程之艰难。

新时代的反腐败斗争进入第十个年头，习近平总书记在这次中央纪委全会上再度向全党敲响警钟：“我们必须清醒认识到，腐败和反腐败较量还在激烈进行，并呈现出一些新的阶段性特征。”

总书记用四个“任重道远”阐明形势的严峻，第一个就是“防范形形色色的利益集团成伙作势、‘围猎’腐蚀还任重道远”。

古语有云，“祸难生于邪心，邪心诱于可欲。”权力所在之处，就必定有“腐蚀者”“围猎者”，就总会有人去“咬钩”。从党的十八大以来被查处的“老虎”来看，放松警惕、沦陷其中者不在少数。

在这次中央纪委全会上，习近平总书记对领导干部特别是高级干部作出明确要求，强调“从思想上固本培元，提高党性觉悟，增强拒腐防变能力”“增强政治敏锐性和政治鉴别力”，还要“重视家教家风，以身作则管好配偶、子女，本分做人、干净做事”。

坚定不移推进反腐败斗争，必须把权力关进制度的笼子。习近平总书记强调，要完善权力监督制度和执纪执法体系，使各项监督更加规范、更加有力、更加有效。

……

“窑洞对”之时，中国正处于抗日战争即将胜利，面临向何处去的重要历史关头。

如今，踏上新的赶考之路，我们党所承担的责任与使命，比过去任何时候都要艰巨。

“成其身而天下成，治其身而天下治。”

以伟大自我革命引领伟大社会革命，坚持不懈把全面从严治党向纵深推进，确保党不变质、不变色、不变味，才能确保党和人民的事业不断从胜利走向新的胜利。（新华社国内部）

在新的赶考之路上考出好成绩

——十九届中央纪委六次全会与会同志谈学习贯彻习近平总书记重要讲话精神

习近平总书记18日在十九届中央纪委六次全会上发表重要讲话，深刻总结新时代党的自我革命的成功实践，对把全面从严治党向纵深推进作出战略部署。

会议期间，与会同志围绕习近平总书记重要讲话精神谈认识、明方向、讲落实。大家一致表示，要以更大的决心、更大的勇气、更大的气力推进新时代党的建设新的伟大工程，推动纪检监察工作高质量发展，以全面从严治党永远在路上的坚定执着，在新的赶考之路上继续交出优异答卷。

历程非凡　成效卓著

党的十八大以来，全面从严治党取得了历史性、开创性成就，产生了全方位、深层次影响，党自我净化、自我完善、自我革新、自我提高能力显著增强。对此，与会同志感受很深。

中央纪委委员，江苏省纪委书记、监委主任王常松表示，党的十八大以来，党中央把全面从严治党纳入“四个全面”战略布局，刹住了一些多年未刹住的歪风邪气，解决了许多长期没有解决的顽瘴痼疾，管党治党实现了从宽松软到严紧硬的根本扭转，党的创造力、凝聚力、战斗力显著增强，党的团结统一更加巩固，党风政风焕然一新，社风民风持续向好，重塑了党在人民心中的形象。

经过十年坚决斗争，党在革命性锻造中更加坚强，确保自身始终成为时代先锋、民族脊梁。

“总书记讲‘十年磨一剑’。我们党的反腐败斗争取得了压倒性胜利并全面巩固，深得党心民心。”湖南省纪委书记、监委主任王双全表示，十年来，我们党坚持不懈正风肃纪反腐，解决人民群众反映最强烈、对党的执政基础危害最大的突出问题，厚植了党的执政基础和群众基础。

江西省纪委书记、监委主任马森述表示，十年来全面从严治党成效卓著，根本原因在于有以习近平同志为核心的党中央坚强领导，在于有习近平新时代中国特色社会主义思想的科学指引，要不断增强捍卫“两个确立”的思想自觉和行动自觉。

经验珍贵　启示深刻

“全面从严治党是新时代党的自我革命的伟大实践，开辟了百年大党自我革命的新境界。”习近平总书记这一表述，在与会同志当中引起强烈反响。

马森述表示，习近平总书记从党的政治、思想、作风、纪律、组织、制度六方面建设，总结了新时代全面从严治党的伟大实践，以“九个坚持”全面深刻阐释了管党治党的宝贵经验和规律性认识，是百年大党继续深入推进管党治党的根本遵循，必须深刻领会、长期坚持。

中央纪委委员、中央纪委国家监委驻最高人民检察院纪检监察组组长苏德良表示，习近平总书记的重要讲话体现了新时代中国共产党人对共产党执政规律、社会主义建设规律、人类社会发展规律认识的新高度和新境界，彰显了以习近平同志为核心的党中央把全面从严治党向纵深推进的强大决心和鲜明态度，为纪检监察工作在党的建设特别是在全面从严治党中如何更好发挥作用指明了方向。

事在四方，要在中央。

“‘九个坚持’中，第一条就是坚持党中央集中统一领导。”中央纪委委员、中央纪委国家监委驻国家税务总局纪检监察组组长吴海英说，要始终以自我革命精神维护党中央权威和集中统一领导，坚持从学习看政治态度、从决策看政治立场、从落实看政治担当，督促各级党组织和广大党员干部始终同党中央保持高度一致，确保步调一致向前进。

持之以恒　砥砺前行

腐败是党长期执政的最大威胁，反腐败是一场输不起也决不能输的重大政治斗争。

习近平总书记指出，只要存在腐败问题产生的土壤和条件，腐败现象就不会根除，我们的反腐败斗争也就不可能停歇。

“一体推进不敢腐、不能腐、不想腐，不仅是反腐败斗争的基本方针，也是新时代全面从严治党的重要方略。”苏德良说，每查处一起案件，都要深入查找案件背后理想信念、制度执行、监督制约等深层次的原因，在运用案例进行警示教育的同时，进一步推进以案为鉴、以案促改、以案促治，做细做实“后半篇文章”。

不敢腐、不能腐、不想腐一体推进，“不能腐”是关键。只有推动形成不断完备的制度体系、严格有效的监督体系，才能消除权力监督的真空地带，压减权力行使的任性空间。

“随着党和国家监督体系不断健全，各领域、各环节监督的关联性、互动性不断增强，这就对各种监督的协调贯通、形成常态长效的监督合力提出了更高要求。”列席此次全会的国家监委特约监察员、北京大学第一医院教授、民进中央委员霍勇表示，要坚持把党内监督同人大监督、民主监督、行政监督、司法监督、群众监督、舆论监督等贯通协调起来，丰富和完善监督方式，形成强有力的监督体系。

反腐败斗争永远在路上，全面从严治党永远在路上。

与会同志一致表示，踏上新的赶考之路，要自觉运用党的百年奋斗历史经验，以彻底的自我革命精神，态度不变、决心不减、尺度不松，增强全面从严治党永远在路上的政治自觉，以实际行动迎接党的二十大胜利召开。（新华社记者丁小溪、孙少龙）

新华社北京 1 月 20 日电

传承优良作风　奋进复兴征程

——2021 年以习近平同志为核心的党中央推进作风建设纪实

“作风建设永远在路上，任何时候都不能松懈。要坚持自我革命，以钉钉子精神贯彻中央八项规定及其实施细则、整治‘四风’、落实为基层减负各项规定，完善长效机制。”

2021 年岁末，北京中南海，中共中央政治局召开专题民主生活会。

一如既往，会议再次聚焦作风建设，审议了《关于 2021 年中央政治局贯彻执行中央八项规定情况的报告》和《关于 2021 年整治形式主义为基层减负工作情况的报告》。

习近平总书记主持会议并发表重要讲话，对中央政治局的同志要继续努力，为全党带好头、作示范提出要求，对推进作风建设不松劲、不停步、再出发作出指示。

2021 年是党和国家历史上具有里程碑意义的一年。中国共产党迎来百年华诞，“十四五”开局，“两个一百年”奋斗目标历史交汇。

统筹中华民族伟大复兴战略全局和世界百年未有之大变局，以习近平同志为核心的党中央担当历史使命，掌握历史主动，持之以恒推进作风建设，坚持不懈推进中央八项规定精神贯彻落实，团结带领全党全军全国各族人民意气风发踏上实现第二个百年奋斗目标新的赶考之路。

以史为鉴，从百年党史传承优良传统

百年奋斗，书写恢宏史诗；壮阔征程，砥砺过硬作风。

“要深入开展党的优良传统和作风教育，完善作风建设长效机制，把好传统带进新征程，将好作风弘扬在新时代。”

2021 年 1 月，在十九届中央纪委五次全会上，习近平总书记为新阶段推进党的作风建设定下基调、指明方向。

走过百年非凡历程，中国共产党始终把光荣传统和优良作风贯穿领导革命、建设和改革的全过程，始终将其作为激励我们不畏艰难、勇往直前的宝贵精神财富。

立足历史崭新起点，在全党集中开展党史学习教育之际，习近平总书记多次走进历史深处，重温党的初心使命，引领全党全社会传承发扬党的光荣传统和优良作风。

——瞻仰红色革命旧址，重温党的优良传统和作风。

2021 年 9 月 13 日，正在陕西榆林考察的习近平总书记来到杨家沟革命旧址。70 多年前，毛泽东同志在这里给共产党人定下了“不做寿”的规矩：“就是全国解放了，党内也不可搞祝寿活动。”

游人在陕西省榆林市米脂县杨家沟革命旧址参观（2021 年 9 月 10 日摄，无人机照片）。新华社记者陶明 摄

听闻讲解，习近平总书记对照党的七届二中全会上给共产党人定下的“不做寿”“不送礼”等六条规定，一条条盘点情况：“现在看来，‘不做寿’可以做到；‘少敬酒’，可以做到，咱们现在少饮酒了；‘不以人名作地名’，这点也能做到。”

抚今追昔，习近平总书记强调：“我们要继承发扬革命传统和优良作风，始终把人民利益放在最高位置，不忘初心、牢记使命。”

——带头学习党史，引导全党坚持光荣革命传统。

2021 年“七一”前夕，习近平总书记带领中央政治局同志参观北大红楼、丰泽园毛泽东同志故居，采取参观和讨论相结合的形式，带头开展党史学习教育。

2021 年 6 月 29 日，参观者在北大红楼内参观。
新华社记者鞠焕宗 摄

“国家强盛、民族复兴需要物质文明的积累，更需要精神文明的升华”，习近平总书记深刻指出，决不能丢掉革命加拼命的精神，决不能丢掉谦虚谨慎、戒骄戒躁、艰苦奋斗、勤俭节约的传统，决不能丢掉不畏强敌、不惧风险、敢于斗争、敢于胜利的勇气。

通过亲身示范和现场教学，习近平总书记教育引导广大党员始终坚持光荣革命传统，以昂扬的精神状态做好党和国家各项工作。

——参观主题展览，强调作风建设永远在路上。

2021年6月18日，习近平总书记等党和国家领导同志来到中国共产党历史展览馆，参观“‘不忘初心、牢记使命’中国共产党历史展览”，感悟党的百年奋斗之路。

观众在中国共产党历史展览馆参观（2021年10月1日摄）。
新华社记者李贺 摄

在中央八项规定展板前，习近平总书记停下脚步：“现在这里面的8条，精简会议活动、改进警卫工作、改进新闻报道、厉行勤俭节约，做得都不错，还是要反复讲、反复抓……”

“八项规定要一以贯之。”总书记坚定地说。

2021年11月，党的十九届六中全会胜利召开。全会重点研究了全面总结党的百年奋斗的重大成就和历史经验问题，审议通过了党的第三个历史决议——《中共中央关于党的百年奋斗重大成就和历史经验的决议》。

“中央八项规定”写入决议，作为新时代全面从严治党的成就和经验，镜鉴现实，指引未来。

从历史中收获启迪，从历史中把握未来。

当前，向第二个百年奋斗目标进军的号角已经吹响，我们正面对着百年变局和世纪疫情交织的严峻形势，面对着开启新征程的繁重任务，迫切需要严实的作风锤炼党性、砥砺奋斗。

“风险越大、挑战越多、任务越重，越要加强党的作风建设，以好的作风振奋精神、激发斗志、树立形象、赢得民心。”习近平总书记话语坚定。

2021 年 3 月 1 日，一堂主题聚焦在发扬党的光荣传统和优良作风上的“党课”在党的最高学府开班。

面向在场的广大中青年干部，习近平总书记语重心长：“不论过去、现在还是将来，党的光荣传统和优良作风都是激励我们不畏艰难、勇往直前的宝贵精神财富。年轻干部是党和国家事业接班人，必须立志做党的光荣传统和优良作风的忠实传人。”

踏上新的征程，发扬党的光荣传统和优良作风，恪守为民之责、激发奋斗之姿，广大党员、干部必将在“开新局”“书新篇”的历史节点上建功立业。

以上率下，彰显共产党人鲜明政治本色

北京冬奥会即将开幕。

2021 年、2022 年连续两个新年首次国内考察，习近平总书记都冒着严寒赴实地了解冬奥会、冬残奥会筹办备赛情况，彰显对冬奥会筹备工作的高度重视。

习近平总书记始终要求把廉洁办奥理念贯穿筹办工作全过程。

对此，他特别强调：“严格执行各项规章制度，严格预算管理，控制办奥成本，勤俭节约、杜绝腐败，让北京冬奥会、冬残奥会像冰雪一样纯洁干净。”

2021 年 4 月 6 日，运动员在冰壶项目测试活动中。2022 年北京冬奥会将国家游泳中心“水立方”改造为“冰立方”，用作冰壶项目比赛场馆，有效减少建设投资，更让夏奥场馆焕然新生，拓展多元赛后经营能力。新华社记者彭子洋 摄

勤俭廉洁，在任何时候都至关重要。习近平总书记以强烈的使命担当一以贯之推进作风建设。

一年来，习近平总书记在中央全会、中央纪委全会等会议上和中央政治局集体学习时发表重要讲话，对作风建设提出明确要求；主持召开的中央政治局常委会会议、中央政治局会议，分别有 20 个、9 个议题涉及作风建设；针对党风廉政建设、为群众办实事、反对形式主义、制止餐饮浪费、违建别墅整治等作出 60 多次重要批示，为持之以恒加强作风建设指明了方向。

行动是无声的命令，身教是执行的榜样。

习近平总书记带头发扬党的优良作风，带头贯彻执行中央八项规定，推动作风建设永不止步。

这是夙夜在公的勤勉奋进——

2021 年 5 月，河南南阳；同年 9 月，陕西榆林。习近平总书记两

次在考察途中临时下车，深入田间察看农作物长势；

在山东东营胜利油田，为实地了解新技术在实践中的应用情况，总书记沿着铁梯登上 10 多米高的钻井平台，察看设备运行情况；

来到黄河三角洲农业高新技术产业示范区，总书记走进田里，弯下腰来摘了一个豆荚，剥出一粒大豆，放在口中细细咀嚼：“豆子长得很好”；

……

一年来，习近平总书记不顾劳顿、跋履山川，考察足迹遍及大江南北、内陆边疆，问民生、察实情、作部署。

这是人民至上的深厚情怀——

在贵州黔西县化屋村点赞苗绣一针一线“何其精彩”；在福建沙县俞邦村细致了解沙县小吃现状和前景；在广西全州毛竹山村叮嘱农业技术人员把贡献写在大地上……

这是广西桂林市全州县才湾镇毛竹山村（无人机照片，2021 年 4 月 25 日摄）。新华社记者曹祎铭 摄

看得细，问得也很细。习近平总书记每到一个地方都要同困难群众、企业职工、基层干部等一起算收入、聊变化、谋发展。

这是大国领袖的崇高风范——

主持中国—东盟建立对话关系30周年纪念峰会、出席中非合作论坛第八届部长级会议开幕式、出席中国共产党与世界政党领导人峰会……

这一年，习近平总书记密集开展“云外交”，以多种形式出席120余场重要外交活动，以连轴转的“无我”工作状态，积极推动构建人类命运共同体，彰显大国领袖的使命担当。

李克强、栗战书、汪洋、王沪宁、赵乐际、韩正同志和中央政治局其他同志从自己做起，从主管地方、分管领域和部门抓起，高标准、严要求贯彻执行中央八项规定及其实施细则——

在改进调查研究方面，在京中央政治局委员赴地方考察调研共228次600天，人均13次35天。调研中坚持轻车简从、务实节俭。

在精简会议活动方面，对全国性会议严格把关。大量会议活动以电视电话形式召开，使更多基层干部有机会“听原声、见真人”，党中央决策部署原汁原味直达基层、直抵一线。

在精简文件简报方面，出台《中央文件制定工作规定》，确立文件制定立项制度，严把发文关口，严控发文总量和规格。除党中央统一安排外，中央政治局同志个人没有公开出版著作、讲话单行本，以及发贺信、贺电、题词、题字、作序等情况。

在规范出访活动方面，按照严防疫情境外输入、确保人员安全的要求，党和国家领导人外交活动以视频、电话“云外交”方式为主。出访活动严控团组规模、节约经费开支，切实做到“勤俭办外交”。

在改进新闻报道方面，继续在篇幅字数、版面安排、时段时长等方面严格把关，重点更突出、篇幅更精简、文风更清新。

在改进警卫工作方面，减少管制不封路、缩小警戒范围不清场不闭馆，最大限度减少扰民，确保安全效果、政治效果、社会效果有机统一。

在厉行勤俭节约方面，中央政治局同志修身修己、廉洁齐家，严格执行办公用房、住房、用车等工作生活待遇规定。

从宏大处着眼，于细微处落笔。中央政治局同志牢牢把握“国之大者”，将作风建设融入党和国家工作大局，以良好作风推动党中央决策部署贯彻落实，为各项工作开好局、起好步提供坚强作风保障。

久久为功，凝聚一往无前奋进力量

2021 年 12 月 27 日，中央纪委国家监委对 10 起违反中央八项规定精神典型问题进行公开通报。在元旦、春节到来之际，释放出将作风建设进行到底的鲜明信号。

关键节点、紧盯不放，久久为功、善作善成。

“要坚持全面从严、一严到底，对群众反映强烈的公款吃喝、餐饮浪费等歪风陋习露头就打、反复敲打。”在 2021 年 1 月召开的十九届中央纪委五次全会上，习近平总书记再次强调。

一年来，各地区各部门坚持以习近平新时代中国特色社会主义思想为指导，深入开展党史学习教育，大力弘扬伟大建党精神，忠实践行初心使命，不断巩固拓展落实中央八项规定精神成果，推动作风建设取得更加扎实的成效，推动党风政风、社风民风持续向善向好。

——从百年党史中汲取作风建设的智慧和力量。

各地区各部门把党史学习教育作为贯穿全年的重大政治任务，坚持学史明理、学史增信、学史崇德、学史力行，大力开展党的光荣传统和优良作风教育，引导广大党员干部强化宗旨意识和为民情怀。

始终把做到“两个维护”作为首要任务，持续深化政治机关建设，提高党员干部政治判断力、政治领悟力、政治执行力，以党的政治建设统领作风建设向纵深推进。

党员在上海中共一大纪念馆重温入党誓词（2021年6月3日摄）。
新华社记者刘颖 摄

2021年6月1日，《中共中央关于加强对“一把手”和领导班子监督的意见》公开发布。作为我们党针对“一把手”和领导班子监督制定的首个专门文件，意见突出对“关键少数”的监督，要求各级领导干部特别是高级干部“严格落实中央八项规定及其实施细则精神，廉洁治家，自觉反对特权思想、特权现象，始终保持共产党人清正廉洁的政治本色”，以制度规范加强对“一把手”的监督。

——以“严”的主基调持续纠“四风”、树新风。

“全国共查处违反中央八项规定精神问题11024起，批评教育帮助和处理16483人。”2021年12月28日，中央纪委国家监委公布2021年11月全国查处违反中央八项规定精神问题情况月报数据。这已经是中央纪委国家监委连续公布月报数据的第99个月。

持之以恒、一抓到底，扭住问题不松手。

从把坚决制止餐饮浪费作为作风建设重要内容，到规范领导干部配偶、子女及其配偶经商办企业行为，再到把家教家风建设和党风廉政建设结合起来……

一年来，各地区各部门深化整治形式主义、官僚主义，坚决查处不担当不作为、推诿扯皮敷衍塞责、摆官威耍特权等问题，督促领导干部带头践行新风正气。

2021 年 1 月至 11 月，全国共查处形式主义、官僚主义问题 4.4 万起；查处享乐主义、奢靡之风问题 4.7 万起。

——以解决群众身边问题转作风改作风。

运用智能化手段解决老人“照护难”问题、创新监管模式守护群众“舌尖上”和“脚底下”的安全、推动残疾儿童康复救助“应救尽救”……

2021 年 12 月 7 日，在江西省南昌市东湖区贤士花园农贸市场，市民将刚购买的蔬菜送检。2021 年，东湖区在全区 11 个农贸市场建成食品安全快速检测室，对市民送检样品中的农药残留、瘦肉精、甲醛等 11 种有害物质进行免费现场快速检测，守护群众“舌尖上的安全”。新华社记者彭昭之 摄

一年来，各地区各部门扎实开展“我为群众办实事”实践活动，着力整治群众身边腐败、作风问题。

聚焦涉黑涉恶、违规乱收费、侵占克扣民生资金等群众“最怨最

恨”问题，各地区各部门把民心所向作为努力方向，围绕群众反映强烈、侵害群众利益的民生痛点问题开展集中整治。2021 年 1 月至 11 月，全国共查处群众身边腐败和作风问题 13.7 万起。

2021 年 9 月 17 日，在重庆市江津区蔡家镇文昌村塘口村民小组，基层法官在巡回法庭审理案件。新华社记者黄伟 摄

——以过硬作风保障重点工作顺利推进。

在换届选举中狠刹收送礼品礼金等歪风邪气，在疫情防控和抗灾抢险中接受能力检验，在全面推进乡村振兴过程中锻造扎实作风……

各地区各部门将作风攻坚与重点工作攻坚结合起来，砥砺狠抓落实、实干苦干的意志作风，在大战大考中检验、锤炼作风。

赶考永远在路上，从严治党也永远在路上。

在以习近平同志为核心的党中央坚强领导下，全党坚定历史自信，不忘初心使命，驰而不息将作风建设引向深入，定能以优良作风凝聚起 14 亿多人民团结一心的磅礴力量，向全面建设社会主义现代化国家、实现第二个百年奋斗目标昂扬奋进。（新华全媒头条）

让人民群众切实感受到公平正义就在身边

——聚焦2022年政法工作六大看点

2022年，政法机关将如何保障城乡更安宁、群众更安乐？今年的中央政法工作会议上，一系列围绕党和国家工作大局的部署安排，聚焦于防风险、保安全、护稳定、促发展，为建设更高水平的平安中国、法治中国提供有力保障，让人民群众切实感受到公平正义就在身边。

看点一：追捕涉黑涉恶“漏网之鱼”　持续整治“村霸”

打掉涉黑组织195个、恶势力犯罪集团1086个；信息网络、交通运输、工程建设、自然资源等四大行业整治成效显著；一部专门的反有组织犯罪法制定出台……2021年作为常态化扫黑除恶开局之年，一系列扎实举措向社会释放了扫黑除恶永远在路上的强烈信号。

会议提出，要抓好反有组织犯罪法实施，健全扫黑除恶长效机制；全力追捕涉黑涉恶“漏网之鱼”，持续整治“村霸”；深化重点行业领域专项整治……

公安部有关部门负责人表示，全国公安机关将始终保持对黑恶犯罪的压倒性态势，把打击锋芒始终对准群众反映最强烈、最深恶痛绝的黑恶势力违法犯罪，坚持侦查办案与“打伞破网”同步推进、与“打财断血”同步发力，积极会同有关部门深入推进源头治理、综合治理，坚决铲除黑恶势力“保护伞”和经济基础。

看点二：巩固深化政法队伍教育整顿成果

2021 年，全国政法队伍教育整顿使广大政法干警接受了一次刻骨铭心的革命性锻造与洗礼。筑牢政治忠诚、清除害群之马、整治顽瘴痼疾、弘扬英模精神……政法队伍整体面貌焕然一新。

但积弊沉疴是长期积累而成，治理不可能一蹴而就。如何巩固深化政法队伍教育整顿成果，锻造一支忠诚干净担当的政法铁军？

会议明确：始终保持严的主基调，深化案件线索查办和顽瘴痼疾整治；完善政法机关“一把手”和重要副职异地交流任职制度，加强执法司法关键岗位、人财物重点岗位定期轮岗交流；深化正向激励成果，深入挖掘选树新时代政法英模……

“针对教育整顿中暴露出的观念滞后、理念落后问题，持续开展‘端正执法司法理念、改进执法司法作风’专项活动。”山西省委政法委主持日常工作的副书记苗伟表示，通过专项活动，真正把平等、审慎、服务等理念树起来、落下去，努力让人民群众在每一项法律制度、每一个执法决定、每一宗司法案件中都感受到公平正义。

看点三：提升基层治理水平　夯实平安中国建设根基

基础不牢，地动山摇。把矛盾问题化解在基层，各地积极探索提升基层社会治理新模式，深入推进基层治理理念、制度、体制和方式创新，更有效地防范重大矛盾风险，解决疑难复杂问题。

“基层强则国家强，基层安则天下安”，如何进一步提升基层治理水平，不断夯实平安中国建设根基。会议提出，要健全党组织领导的自治、法治、德治相结合的城乡基层治理体系，构建网格化管理、精细化服务、信息化支撑、开放共享的基层管理服务平台，不断提高基层治理水平。

黑龙江省委政法委常务副书记郝伟夫表示，下一步，将加强基层综治中心和公安派出所、社区警务室、检察室、人民法庭、司法所、信访接待中心等规范化、信息化建设，加强大数据、云计算等现代科技应用，努力将矛盾风险发现在基层、解决在萌芽状态。

看点四：聚焦“急难愁盼”　办好“关键小事”

贩卖公民个人信息、诈骗医保基金多发高发，“黄赌毒”“盗抢骗”“食药环”等犯罪，让人民群众深恶痛绝、反映强烈。

群众有所呼，政法机关有所应。2021 年公安机关侦办侵犯公民个人信息案件 9800 余起，抓获犯罪嫌疑人 1.7 万余名；侦破“食药环”和知识产权领域刑事案件 6.6 万余起，抓获犯罪嫌疑人 8.8 万余名……

聚焦“急难愁盼”、办好“关键小事”，会议部署深化执法司法为民——

加大食品药品、生态环境、公共交通、安全生产等领域执法司法力度；推动民法典深入贯彻实施，加强涉及人身权、财产权、人格权特别是个人信息保护等领域的执法司法工作……

河北省邢台市中级人民法院党组书记、院长赵倩表示，在今后的工作中，我们将以零容忍态度严厉打击侵害人民群众切身利益的各类违法犯罪行为，切实维护人民群众餐桌安全、用药安全、生态环境安全、个人信息安全等，让人民群众切实感受到公平正义就在身边。

看点五：提升法治服务能力　保障重大战略实施

2021 年，全国政法机关服务保障经济高质量发展成效显著：设立北京金融法院、最高人民检察院驻中国证监会检察室；积极推进企业合规改革试点……

新的一年，会议对提升法治服务能力，更好保障重大战略实施以及优化营商环境作出部署：全面落实环境公益诉讼制度，打好蓝天、碧水、净土保卫战；在重大项目风险评估、执法司法协同、完善法律服务等方面持续发力；加大反垄断、反恶意炒作、反不正当竞争等领域司法力度，推动完善相关法律法规。

“自觉地服务于国家战略实施，是公益诉讼检察的天然使命，是义不容辞的政治责任和法律责任。”最高人民检察院第八检察厅厅长胡卫列表示，检察机关将紧紧围绕党和国家工作大局，针对水污染、固废污染等问题加大办案力度，加强生态环境保护公益诉讼。同时，要深化公益诉讼跨区划管辖协作机制，探索预防性公益诉讼，更好地发挥公益诉讼制度效能，服务国家治理体系和治理能力现代化。

看点六：完善公共法律服务体系　确保今年基本覆盖城乡

“网上办、一次办”“不见面办”……近年来，政法机关“放管服”“互联网＋政务服务”改革不断深入，优化了服务能力、提升了服务水平，让广大人民群众和经营主体有了更多法治获得感。

完善公共法律服务体系，如何加强欠发达地区公共法律服务建设？会议提出，持续推出户籍、交管、出入境、法律援助、司法救助等领域便民利民新措施，确保今年基本形成覆盖城乡、便捷高效、均等普惠的现代公共法律服务体系。

“我们要深入推进公共法律服务实体、热线和网络三大平台融合发展，完善覆盖城乡的全国公共法律服务网络，还要推进基本公共法律服务均衡发展，满足人民群众多领域多样化法律服务需求，努力让人民群众感受到公共法律服务更加优质、更加高效、更加便捷。”司法部公共法律服务管理局副局长孙春英说。（新华社记者刘奕湛、刘硕、熊丰、罗沙、白阳）

新华社北京 1 月 16 日电

2021法律监督经典案例回眸，留下哪些法治进步印记

保护英烈名誉、剑指生态破坏、严惩腐败分子、守护百姓利益……近日公布的2021年度十大法律监督案例，清晰勾勒出检察机关过去一年中积极履行法律监督职能、维护公平正义的轨迹。

一个案例胜过一沓文件。回望这些经典案例，人们看到法治的力量、法治的进步，感受到公平正义就在身边。

及时出击，保护英烈名誉和权益

2021年2月19日，犯罪嫌疑人仇子明在新浪微博上使用其个人注册账号“辣笔小球”，先后发布两条信息，贬低、嘲讽卫国戍边的英雄烈士，造成恶劣社会影响，引发公众强烈愤慨。

2021年3月1日，江苏省南京市检察机关依法以涉嫌侵害英雄烈士名誉、荣誉罪，对“辣笔小球”微博博主仇子明批准逮捕。“辣笔小球”成为我国首个适用侵害英雄烈士名誉、荣誉罪罪名的犯罪嫌疑人，最终受到了法律的惩处。

“辣笔小球”被绳之以法，对一些通过各种方式诋毁、损毁英烈名誉、荣誉的博主、大V形成了有力震慑。依法维护英烈名誉、荣誉也成为检察机关主动履职的重要领域。

陈望道是《共产党宣言》首个中文全译本的翻译者。2021年4月，义乌市检察院在走访陈望道故居时发现，在毗邻望道故里的一家名为“道·味粽子铺”的食品商店销售标有“寻味真理追望大道”的“望道”

牌粽子、“望道”牌米粉干等食品，多次在媒体上进行宣传并远销省内外。

检察机关核实发现，陈望道近亲属并未授权相关单位、人员以陈望道肖像、“望道”名字等为商标进行注册，并用于商品生产销售等营利活动。

2021年6月，最高检决定对某公司违法注册商标侵害陈望道姓名、肖像权益问题行政公益诉讼直接立案。经过检察机关及有关部门的努力，涉案商标被依法宣告无效，相关商品及包装也被要求收回并销毁。

虽远必追，对腐败分子“零容忍”

贪腐没有“免死金牌”！经最高人民法院核准，2021年1月29日上午，天津市第二中级人民法院依照法定程序对赖小民执行了死刑。赖小民在党的十八大后顶风作案，检察机关提出判处死刑公诉意见被法院采纳，这一案例位于年度十大法律监督案例之列，充分彰显了检察机关对贪污腐败分子“零容忍”。

但是，仍有一些腐败分子，以为逃到境外就万事大吉，甚至用违法所得的财产过着逍遥日子。

人不在，怎么办？“缺席审判程序”成为惩治外逃人员的有力法律武器。

我国“刑事缺席审判第一案”程三昌贪污案，尤为引人注目。河南省漯河市委原书记、豫港（集团）有限公司原董事长程三昌逃往境外已有20余年。郑州市人民检察院提请适用缺席审判程序，以贪污罪追究其刑事责任。2022年1月17日，河南省郑州市中级人民法院公开宣判，对被告人程三昌以贪污罪判处有期徒刑12年，并处罚金人民币50万元；追缴程三昌贪污犯罪所得依法予以返还。

携巨款潜逃至境外的“百名红通”犯罪嫌疑人徐进虽然至今未到案，但也和程三昌一样没能逃过人民的审判。2019年5月27日，武汉市人民检察院向武汉市中级人民法院提出没收犯罪嫌疑人徐进贪污、受贿违法所得申请。2021年11月15日，该案宣判，武汉市中级人民法院对检察机关提出的申请全部予以支持。

零容忍，不放松；有逃必追，虽远必追。

精准打击，维护公平正义与法律权威

劳荣枝一审被判死刑！这个消息让很多一直关注此案的人为之一振。

值得注意的是，检察机关在介入侦查引导取证阶段发现原侦查机关未认定的犯罪事实，而这起事实的被害人刘某也是系列案中唯一的幸存者，是关键证人，这对于认定劳荣枝的相关犯罪事实起到了至关重要的作用。检察机关的提前介入和引导，为解决此类疑难复杂案件提供了借鉴。

过去一年中，检察机关精准适用法律，对不法分子犯罪行为进行精准打击的力度凸显。

对于企图掩饰贩毒资金来源和性质的费某，以及明知资金是贩毒所得仍然帮费某多次接收和保管资金的程某某，检察机关准确认定其洗钱等犯罪事实——该案成为全国检察机关起诉并获判决的首例“自洗钱”犯罪案件。

这一案件向社会发出明确信号：找人代管毒资也犯罪！

对于一起一审、二审、省高院再审均驳回原告诉求的民间借贷纠纷案，最高检找到了案件中存在的瑕疵，向最高法提出抗诉，让原告时隔十余年终于拿到了执行款。

本案中，一审、二审、再审法院均认为，仅凭证据字条上签名真实就可以认定全部事实。最高检认为，字据系孤证，且存在多处瑕疵，以字据作为认定案件事实的关键证据，证明力明显不足。

此案中，检察机关的法律监督思路清晰：民事审判不应被鉴定意见带偏，陷入“唯鉴是举”的错误思维！

守护公益，让法治阳光照进更多角落

近年来，杭州市余杭区发生的几起违法犯罪案件反映出某知名短视频公司在开发运营 App 过程中，存在未经同意便允许注册儿童账户并收集、存储儿童个人信息等侵害未成年人权益的行为。

在最高检指导下，当地检察机关迅速行动。2020 年 12 月，杭州市余杭区人民检察院向杭州互联网法院提起民事公益诉讼；2021 年 3 月，该案经杭州互联网法院出具调解书后结案，检察机关就该案提出的停止侵权、赔礼道歉、消除影响、赔偿损失等诉求，涉案公司均无异议。

做好维护公共利益的代表，检察机关正在不断延伸办案触角，让公益诉讼的效能日益凸显。

工业污染、围湖养殖污染、码头船舶污染、生活污染、农业面源污染……种种生态环境问题，让由微山湖、昭阳湖、独山湖和南阳湖四个相连湖泊组成的南四湖不堪重负。

2021 年 4 月 8 日，最高检决定对南四湖流域生态环境受损问题立案。最高检成立专案组，并在各省设立专案分组。专案立案以来，相关地方检察机关推动南四湖流域关闭了一批工业企业非法设置排污口，依法关停了一批企业，并在治理黑臭水体、拆除沿湖违章建筑等方面取得了明显成效。

南四湖得到了及时“救治”，但其受到的伤害尚未完全恢复，一些具体案件目前仍在办理中，“拍案”将对此持续关注。

让人民群众感受到公平正义就在身边，道阻且长，行则将至。这十个经典案例标记了 2021 年检察机关推动法治进步所付出的艰辛努力，也向社会彰显了检察机关适应新形势、运用新思维展现的新面貌。当前，人民群众对公平正义有着更高期待。随着法治体系不断完善，检察机关办案视野不断拓展，办案思路不断创新，将让人民群众的法治获得感不断提升。（新华社国内部）

家属参加廉政谈话，净化“后院”

十九届中央纪律检查委员会第六次全体会议定于2022年1月18日至20日召开，将部署2022年党风廉政和反腐败工作。回顾党的十八大以来，纪检监察工作持续深化不敢腐、不能腐、不想腐一体推进，取得许多制度性成果和明显治理成效。

邀请亲属参加廉政谈话制度，正是海南针对家庭式腐败高发态势而探索实施的一项新制度。它甫一出台，便引起社会极大关注。人们不禁要问：为何出台这项制度？它能否遏制全家腐？

事实上，家风败坏已成为领导干部走向严重违纪违法的重要诱因。在海南省近年查处的案件中，贪腐兄弟、收钱夫妻甚至全家腐等“家庭式”腐败情况屡见不鲜。据统计，党的十九大以来，海南查处的省管“一把手”职务犯罪案件中，涉及家属、亲属的占比高达45.2%。

人人都有亲情，但决不能逾越党纪国法。过分溺爱子女、纵容家属，必将祸起萧墙。不少领导干部不仅在前台大搞权钱交易，还纵容家属在幕后收钱敛财，子女等也利用父母影响经商谋利、大发不义之财。

有的“一把手”错用公权报私恩。海南省委宣传部原副部长张美文为报答弟弟早年供养自己求学之恩，运用手中的权力把弟弟伪造成建筑行业老板，在万宁任市委书记期间默许和纵容弟弟成为其“代言人”，出面承接项目再倒卖，非法获利上百万元。

有些人错把溺爱当关爱、错把纵容当善待。海口市委原书记张琦放纵亲人追求奢靡享受，妻子、儿子乘坐飞机基本都是头等舱，4年时间在私企老板公司报销几百万元费用。海南省农业厅原巡视员朱清敏在琼中县任县委书记期间，其妻子加入涉黑团伙赌场成为股东，14年间收受分红500余万元。屯昌县原县长匡文胜“后院起火”，妻子明知老板身边的情人陪她打麻将是有目的的，但仍经不起诱惑，开始收受烟酒、红包甚至好处费，并帮着匡文胜牵线搭桥，帮助老板承揽工程项目。

家庭成员齐上阵，形成“腐败共同体”。澄迈县委原书记杨思涛为掩人耳目敛财，将自己的弟弟、堂弟、妹夫改名换姓伪装成商人，有预谋、有组织、有分工地打造了一个由杨思涛掌控的“家族企业”。到案发时，弟弟杨思浪以“林锴”的名义帮助杨思涛持有股份的公司多达十几家，坐拥资产上亿。

家庭生活逐利化、亲情物质化，是贪腐官员家风败坏的典型特征。肆意行使权力，千方百计为自己、为家庭、为亲人谋利益，结局只会是“拔出萝卜带出泥”，整个家庭遭受致命打击。

针对自身不正污染家风或家风不正反噬自身的情况，除了要加强对领导干部的廉政谈话和警示教育，同时还要让家属和干部一起接受家风廉政教育。

正是鉴于此，2021年以来，海南举办了两场与众不同的廉政谈话会，一个是“一把手”纪律教育暨“廉内助”家风教育专题班，一个是新提拔和进一步使用干部“家庭式”廉政谈话会。党员领导干部的配偶和成年子女受邀参加，先后共有600余名海南省管领导班子党政主要负责人和家属，以及新提拔和进一步使用省管干部及家属参加。

邀请家属参加廉政谈话，既是一个制度性的安排，也是党在政治上关心和爱护干部的实际行动，是落实党内监督责任的重要举措。它同时表明，关心和爱护干部不仅仅是党组织的事，也是每个领导干部家庭义不容辞的责任。

领导干部既要管好自己，把好廉洁自律的“前门”，又要管住家人，守好家庭防线的“后门”。多关注配偶、子女、亲属的思想状况，多做情感上的沟通，少从经济上补偿，防止亲属打着领导的旗号插手干预工程建设、执纪执法等。如果领导干部不能慎用手中的权力，对家里人的胡来不加约束纠正，甚至打气撑腰，到头来的结果只有一个：人前“同气连枝”、狱中“同病相怜”。此外，家属要对干部多关心、常监督，关注干部“八小时之外”的思想动态，主动担任家庭“纪委书记”。

其实，不少落马官员贪腐的初衷，是为了让家人生活得更好。但当方向错误时，走得越快，反而离目标越远。一些官员不仅自己落马，妻子儿女也同样因触犯法律而受罚。权力成就一个人，也足以毁掉一家人。我们期待，邀请家属参加廉政谈话制度能在更大范围推广开来，为做官者净化“后院”，为官员家属敲响警钟。（半月谈记者柳昌林、赵叶苹、夏天）

百年征程路　初心映江山

兴起于暗夜的星星之火，绽出万丈霞光。劈开混沌的一叶红船，驶向光明未来。

历史在惊叹，历经血与火的洗礼，为什么这个马克思主义政党可以由弱到强、蓬勃不息？

世界仍在探询，直面生与死的考验，为什么中国共产党总能续写不懈奋斗的时代传奇？

新时代中国共产党人的答案在这里：

“我们党的百年历史，就是一部践行党的初心使命的历史，就是一部党与人民心连心、同呼吸、共命运的历史。”

“江山就是人民，人民就是江山”

“人民就是江山，共产党打江山、守江山，守的是人民的心，为的是让人民过上好日子。”

五月夏始，万物葱茏。习近平总书记在河南考察期间，深入南阳市淅川县的移民新村，并到村民家中看望。他指出，我们党的百年奋斗史就是为人民谋幸福的历史。

守民心之本，固江山伟业。习近平总书记饱含深情的一席话，是数千年历史颠扑不破的深刻道理，是马克思主义人民观的朴素表达，是中国共产党信仰扎根的生动诠释。

含德之厚，比于赤子。“人民”始终在习近平总书记心中重千钧。

“我们一定要始终与人民心心相印、与人民同甘共苦、与人民团结奋斗，夙夜在公，勤勉工作，努力向历史、向人民交出一份合格的答卷”……2012 年 11 月 15 日，习近平总书记履新后首次同中外记者见面，千余字的演讲中，“人民”二字出现了 19 次。

念兹在兹，情之所系。一字一句，如观肺腑。

一次次深入基层、访贫问苦，一次次倾听民声、广纳民意，党的十八大以来，习近平总书记发表一系列重要讲话，强调最多的是人民，踏遍 14 个集中连片特困地区，牵挂最深的是人民。

行程万里，步步真情。一路走来，不改初心。

习近平总书记用一句“永远保持对人民的赤子之心”，指出党员干部对广大人民群众应有的姿态和情怀；用“人民是历史的创造者，是真正的英雄”，表达由衷的尊重与赞美；用“在人民面前，我们永远是小学生，必须自觉拜人民为师，向能者求教，向智者问策”，强调从人民当中汲取智慧。

一句“人民对美好生活的向往，就是我们的奋斗目标”掷地有声，标注新时代中国共产党人的使命必达；一句“要为人民做实事”暖人心窝，彰显人民的政党一以贯之的民生本色；一句“千千万万普通人最伟大”振聋发聩，凝聚起亿万人民同心向党的奋斗意志……

“我将无我，不负人民！”

一个个镜头，记录下习近平总书记与群众“身挨身坐、心贴心聊”的亲厚；一项项政策，落实着“中南海要始终直通人民群众”的要求；一张张答卷，印证着“发展为了人民、发展依靠人民、发展成果由人民共享”的理念。

以习近平同志为核心的党中央身体力行，把人民所思所盼灌注于改革发展的顶层设计；9100 多万中国共产党人把增进人民福祉、促进人的全面发展作为出发点和落脚点，始终同人民想在一起、干在一起。

新时代新征程，一个百年大党以领航中国的扎实业绩，践行着“把人民放在心中最高位置”的庄严承诺。

新时代的中国共产党人，把“人民至上”书写在960万平方公里的广袤土地上，书写在民族伟大复兴的百年征程中，书写在14亿中国人民的心底。

“人民至上”

“为了让你们不再流离失所，为了让中国的老百姓过上富裕幸福的生活，为了让穷人不再受欺负，人人都能当家作主，为了人人都受教育，少有所教，老有所依，为了中华民富国强，为了民族再造复兴，我愿意奋斗终生……”

电视剧《觉醒年代》中，“南陈北李”相约建党的台词，激荡人心。2021年，这部再现中国共产党建党历程的文艺作品成功“破圈”，量出了“人民”在共产党人心中的分量。

为什么人的问题，是检验一个政党、一个政权性质的试金石。

100年来，中国共产党人一切的奋斗与牺牲，都是为了让老百姓过上好日子。

“同人民风雨同舟、血脉相通、生死与共，是我们党战胜一切困难和风险的根本保证。离开了人民，我们就会一事无成。”2019年3月，在中央党校（国家行政学院）中青年干部培训班开班式上，习近平总书记强调，“任何时候都不能忘记为了谁、依靠谁、我是谁。”

为了谁？依靠谁？我是谁？穿越历史的烽烟，这样的自省与追问镌刻在鲜红的旗帜上，涌动在共产党人的血脉中。

从苏区干部“夜打灯笼访贫农”，到长征红军“自己有一条被子，也要剪下半条给老百姓”；从张思德“为人民利益而牺牲”，到焦裕禄“心中装着全体人民，唯独没有他自己”，再到廖俊波“帮老百姓干活、保障群众利益，怎么干都不过分”……“立党为公、执政为民”从来不是抽象的概念、空洞的口号，而是共产党人执着的使命、深沉的担当。

翻开实现民族独立、人民解放的斗争史，共产党人生死以赴，唤醒一个沉睡的民族，告别百年的屈辱辛酸；回顾建设新中国、推进改革开放的奋斗史，共产党人披荆斩棘，带领中国人民开辟独立于世的道路，创造举世瞩目的奇迹。

继往开来、接续奋斗，习近平总书记话语铿锵：“为中国人民谋幸福，为中华民族谋复兴，是中国共产党人的初心和使命，是激励一代代中国共产党人前赴后继、英勇奋斗的根本动力。”

艰难方显勇毅，磨砺始得玉成。新冠肺炎疫情突如其来，中国顶住了！经济全球化逆流来袭，中国稳住了！以习近平同志为核心的党中央团结带领亿万人民经受大战大考，直面惊心动魄的风云突变，书写了一份“人民至上、生命至上”的优异答卷。

2020 年 5 月，全国两会顺利召开。习近平总书记在参加内蒙古代表团审议时道出了“人民至上”的真谛：中国共产党根基在人民、血脉在人民。党团结带领人民进行革命、建设、改革，根本目的就是为了让人民过上好日子，无论面临多大挑战和压力，无论付出多大牺牲和代价，这一点都始终不渝、毫不动摇。

初心如磐，风雨兼程志弥坚。

1921—2021 年，波澜壮阔的 100 年，一个政党的诞生与壮大，改写了一个东方大国的命运轨迹。

1921—2021 年，彪炳千秋的 100 年，人民至上的思想光辉，照亮民族伟大复兴的崭新征程。

“得民心者得天下”

江苏徐州凤凰山东麓淮海战役纪念馆内，一件件实物、一张张图片、一个个场景，再现了那场会师淮海的关键决战。

数据统计，淮海战役动员民工 225 万人、大小车辆 40 多万辆。这些车首尾相接，按两路纵队，能从南京一直排到北京。

习近平总书记深情地说，革命胜利来之不易，靠有革命英雄主义精神的一大批将帅之才和战斗英雄，更靠人民的支持和奉献。

“水能载舟，亦能覆舟。”古往今来，拉开历史的望远镜，一切的兴衰更迭都离不开这个逻辑。

习近平总书记的话语，蕴含着深邃的思考，闪耀着辩证的智慧：“人心向背关系党的生死存亡。”引发强烈共振，激荡人民共鸣。

淮海战役的胜利，是老百姓用小推车推出来的；渡江战役的胜利，是老百姓用小船划出来的；热火朝天的社会主义建设，是老百姓撸起袖子干出来的；改革开放的历史伟业，是亿万人民怀着热血与激情创造出来的……

“赢得人民信任，得到人民支持，党就能够克服任何困难，就能够无往而不胜。”

深圳莲花山，邓小平同志铜像矗立在山顶平台上，深情注视着脚下这片土地。

2012年12月，正在广东考察的习近平总书记登上莲花山，向邓小平同志铜像敬献花篮，并在不远处亲手种下一株高山榕。

8年后，在庆祝深圳经济特区建立40周年之际，习近平总书记再次来到这里。

站在山顶平台上，习近平总书记俯瞰深圳全貌，眼前一座座摩天高楼拔地而起，勾画出一道现代化大都市亮丽的天际线。

抚今追昔，习近平总书记感慨万千：“深圳是改革开放后党和人民一手缔造的崭新城市，是中国特色社会主义在一张白纸上的精彩演绎。”

从小岗村民按下红手印吹响农村改革的号角，到几代林场人将塞罕坝从黄沙荒原变为茫茫林海，再到成千上万的追梦人将南海边的一个“圈”变成日新月异的改革最前沿，中国共产党顺应民心，感召民心，调动起最广大人民的积极性、主动性、创造性，汇聚成势不可挡的磅礴伟力。

“40年来取得的成就不是天上掉下来的，更不是别人恩赐施舍的，而是全党全国各族人民用勤劳、智慧、勇气干出来的！我们用几十年时间走完了发达国家几百年走过的工业化历程。在中国人民手中，不可能成为了可能。”在庆祝改革开放40周年大会上，习近平总书记的宣示豪情万丈：“我们为创造了人间奇迹的中国人民感到无比自豪、无比骄傲！”

得民心者得天下。民心所向、民意所归，就是中国共产党所向披靡、无往不胜的制胜法宝，就是一代代中国共产党人攻坚克难、砥柱中流的力量源泉。

近1亿人！历经8年！2021年2月25日，习近平总书记在全国脱贫攻坚总结表彰大会上庄严宣告，我国脱贫攻坚战取得了全面胜利，现行标准下9899万农村贫困人口全部脱贫，832个贫困县全部摘帽。

旷世伟业感召民心，众志成城熔铸辉煌。从华北平原到西南边陲，从大别山区到秦巴腹地，从土家苗寨到雪域高原，贫困地区的面貌彻底改变，是党和人民“心往一处想、劲往一处使”干出来的。

“这是中国人民的伟大光荣，是中国共产党的伟大光荣，是中华民族的伟大光荣！”

人民，唯有人民，是永恒的主角、制胜的法宝！

“党的作风正，人民的心气顺，党和人民就能同甘共苦”

1949年3月23日上午，党中央从西柏坡动身前往北平时，毛泽东同志说：“今天是进京赶考的日子。”

2016年，在庆祝中国共产党成立95周年大会上，习近平总书记语重心长地说：“60多年的实践证明，我们党在这场历史性考试中取得了优异成绩。同时，这场考试还没有结束，还在继续。”

执政党的作风，关系党的形象，关系人心向背，关系党和国家的生死存亡。中国共产党之所以能够领导中国人民取得革命和建设的伟大胜利，就在于我们的党始终保持了优良作风，始终同人民唇齿相依，始终赢得了最广大人民群众的衷心拥护和支持。

树高千尺，根扎沃土。党同人民群众的鱼水情深来之不易，民心疏离的后果不堪设想。

习近平总书记谆谆告诫，我们党的最大政治优势是密切联系群众，党执政后的最大危险是脱离群众。

党的十八大后第一次党内集中教育——党的群众路线教育实践活动便聚焦作风建设。以习近平同志为核心的党中央一以贯之全面从严治党，坚持不懈整治"四风"，进行"不忘初心、牢记使命"主题教育、党史学习教育，健全为人民执政、靠人民执政各项制度，一系列重大部署、重要举措，贯穿着一条鲜明的主线：始终保持党同人民群众的血肉联系，始终同人民群众想在一起、干在一起。

作风建设无小事，反腐斗争"零容忍"。

党的十八大以来，习近平总书记反复强调打铁必须自身硬，以革故鼎新的政治勇气、忧党兴党的非凡担当，直击积弊、扶正祛邪，带头贯彻执行"八项规定"，刀刃向内刮骨疗毒，猛药去疴惩治腐败。

强化不敢腐的震慑、扎牢不能腐的笼子、增强不想腐的自觉，我们党自我净化、自我革新、自我完善、自我提高的能力极大提升，党风政风为之一新，党心民心为之一振。

从深入治理民生领域的"微腐败"，到彻底扫清惠民政策落实的"绊脚石"，再到连根拔除涉黑涉恶的"保护伞"，仅2020年，全国就查处民生领域腐败和作风问题12.4万个，批评教育帮助和处理17.7万人。新时代共产党人以雷霆万钧之势推进全面从严治党，不断厚植我们党执政兴国的群众基础。

"民心是最大的政治，正义是最强的力量。"

民心为镜，作风建设有进无退；以史为鉴，这场赶考永无止境！

“为人民而生，因人民而兴”

一切向前走，都不能忘记走过的路，走得再远、走到再光辉的未来，也不能忘记走过的过去，不能忘记为什么出发。

迎接中国共产党百年华诞之际，习近平总书记亲自开启党史学习教育的大幕：“要教育引导全党大力发扬红色传统、传承红色基因，赓续共产党人精神血脉，始终保持革命者的大无畏奋斗精神，鼓起迈进新征程、奋进新时代的精气神。”

历史是最好的教科书，党史是最丰富的营养剂。新时代的中国共产党人温故知新，补足信仰之钙，才能接过前人的接力棒，跑好下一段新征程。

百年风华，筚路蓝缕，“中华民族迎来了从站起来、富起来到强起来的伟大飞跃是中国人民奋斗出来的！”

星辰大海，征途漫漫。“我们现在所处的，是一个船到中流浪更急、人到半山路更陡的时候，是一个愈进愈难、愈进愈险而又不进则退、非进不可的时候。”

察世情，国际形势波谲云诡，周边环境复杂敏感；看国情，经济社会转型面临诸多风险，改革发展稳定任务依旧艰巨繁重……百年未有之大变局正加速演进，中华民族的伟大复兴还要越过急流险滩，穿过惊涛骇浪。

风云变幻，如何坚定信心、攻坚克难？使命在肩，怎样担当尽责、奋发有为？

走过百年光辉历程，在最大的社会主义国家执政70多年，这个拥有9100多万党员的世界上最大的马克思主义执政党始终坚定——我们党来自人民，为人民而生，因人民而兴，必须始终与人民心心相印、与人民同甘共苦、与人民团结奋斗。

不忘初心，方能守好江山；勿忘人民，方能开创未来。这是百年大党生生不息的奥秘所系，也是新时代共产党人的使命担当。

立志于中华民族千秋伟业，百年恰是风华正茂。

植根于14亿中国人民，江山必定锦绣如画！

这是历史给出的答案，也是不容忘却的初心。

新华社北京6月24日电

延伸阅读

万千气象展新颜

——全国政法队伍教育整顿纪实

2020年7月至2021年12月，我国政法队伍建设史上留下厚重的一笔——全国政法队伍教育整顿渐次铺开，300余万名政法干警闻令而动，接受了一次刻骨铭心的革命性锻造与洗礼。

在以习近平同志为核心的党中央坚强领导下，一年多来，全国政法队伍教育整顿坚持问题导向、敢于动真碰硬、清除积弊沉疴，以钉钉子精神持续深入推进，政法队伍整体面貌焕然一新，为新时代开创党的政法事业新局面提供坚强组织保证。

刀刃向内自我革命

——清除害群之马，全面从严推进政法队伍深度自我净化

“法治中国”建设蹄疾步稳、有力有序，“平安中国”名片亮眼夺目……重大成就的背后，政法队伍作出了巨大贡献、付出了巨大牺牲，是一支党和人民完全可以信赖的队伍。

但是，一段时期以来政法队伍还存在队伍不纯、执法司法不公、害群之马违法乱纪等突出问题，人民群众深恶痛绝，严重削弱政法机关公信力。

在开启全面建设社会主义现代化国家新征程、向第二个百年奋斗目标进军的时代背景下，以习近平同志为核心的党中央对政法系统坚持全面从严管党治警提出新要求，作出开展政法队伍教育整顿的重要

部署。

激浊扬清，大道之行，新风一开，万木春来。

一年多来，通过政法队伍教育整顿，有效解决一批政治不忠诚、执法不公正、司法不廉洁、遇事不担当、作风不过硬等问题。

制定周密“施工图”，明确清晰“任务书”——

2020年11月20日，黑龙江省22家法院对38件黑恶势力和“保护伞”案件集中宣判。这是在黑龙江省牡丹江市中级人民法院拍摄的宣判现场。新华社发

2020年7月至11月，在黑龙江、江苏、河南、四川、陕西5省选取5市4县政法机关和2所监狱开展试点，为全面推开积累经验。

2021年2月27日，全国政法队伍教育整顿动员部署会议召开，标志着教育整顿正式启动。明确聚焦筑牢政治忠诚、清除害群之马、整治顽瘴痼疾、弘扬英模精神“四项任务”，突出学习教育、查纠整改、总结提升“三个环节”。

以上率下、层层压实责任。省市县党委主要负责同志担负“第一责任人”责任；政法单位党组（党委）担负直接责任；先后召开4次全国部署推进会……标准之高前所未有、要求之严前所未有、力度之大前所未有。

启动有部署，推进有交流，结束后再“回头看”，严防“走过场”和“雨过地皮湿”，成为政法队伍教育整顿的鲜明特征。

中央督导“势能”与地方“动能”有效叠加——

国徽高悬、法庭庄严。2021年12月2日，河南省商丘市中级人民法院一审以受贿罪判处河南省郑州市委原常委、政法委书记于东辉有期徒刑14年。

于东辉曾习惯于“吃了原告吃被告”，多年来群众反复举报，却一直“查不实、告不倒”。教育整顿期间，在中央督导组的直接推动下，河南省委采取果断措施，确保了举报线索查深查实。于东辉依法受到惩治。

针对个别地方，一些案件查不透、队伍整不动，一些问题自身看不清、改不掉，怎么办?

高擎督导利剑，坚持严督实导。全国政法队伍教育整顿领导小组派出16个中央督导组，负责督导31个省（区、市）和新疆生产建设兵团两批次教育整顿，第二批教育整顿中还派出3个中央政法机关督导组。

“督导组不直接办案，但用办案思维开展督导。”一位中央督导组负责人说。

在各地、各机关，督导组一竿子插到底，突出抓好“关键少数”，对久查不决、没有突破的案件建议提级或异地查办，对复杂疑难案件抠细节、查因由。

“以上督下，以下促上。”教育整顿期间，各中央督导组共提出督导建议4.6万件。

坚持无禁区、全覆盖、零容忍，敢于刀刃向内、自我革命——

孙力军、王立科、龚道安、邓恢林、刘新云等对党不忠诚、不老实的“两面派”“两面人”被查处，谭晓荣、李少华、王文海、张林才等违纪违法、贻害一方的害群之马被依纪依法处理。

与此同时，一批腐败案件得以深挖彻查，政法队伍产生明显改观。

自我革命，犹如一场自己动手的外科手术，敢于刮骨疗毒，才能去腐生肌。教育整顿期间，政法机关坚决清除害群之马，维护政法队伍肌体健康。

各地从执法司法案件评查入手，与纪委监委“双专班”办案，既整改执法司法问题，又查处干警违纪违法行为。中央纪委国家监委出台专门工作意见，召开专题会议部署推进监督执纪问责，对执法司法腐败形成高压震慑态势。

直击病灶建章立制
——整治顽瘴痼疾，推动政法队伍在新时代履行好职责使命

“20天，就把1300多万元案款执行到位，现在的执行效率真高！”2021年12月15日，内蒙古自治区乌海市某商业银行与11名被执行人借款合同纠纷案执行完毕，该银行工作人员杨娜说，“去年11月26日提交执行申请之后，本以为要等到2022年才能执行完，没想到能这么快。”

2021年3月，中央督导组下沉乌海时明确指出了法院执行存在的问题，一系列破旧立新的建章立制工作迅即展开——

乌海市法院原有执行人员全部转岗，重新竞聘执行团队；再造执行流程，建立案件分段集约、繁简分流的执行模式，打破执行权过于集中的固有模式。

执行不廉、作风不正，案款发放不及时、清理不到位……曾经，执行领域的突出问题影响着老百姓的切身利益。

最高人民法院成立专项行动工作组，印发开展执行领域突出问题集中整治专项行动的通知，明确工作目标、主要任务、推进时限、工作责任；各高院成立以“一把手”为组长的领导小组，结合当地突出问题、典型案例、违纪现象细化工作方案，一级抓一级、层层抓落实。

难点如何攻，痛点如何治，堵点如何破？以问题为导向，中央与地方系统推进，全国政法机关一体查纠，向执法司法顽瘴痼疾“开刀”。

“虚假专利减刑”“提‘钱’出狱”“火速减刑”……孙小果、郭文思、巴图孟和“纸面服刑”案件的发生，反映出诸多监管漏洞，集中暴露政法队伍中的违纪违法问题。

教育整顿期间，各地大排查、大起底，坚决整改20世纪90年代以来利用“假立功、假专利、假病历”等违规违法“减假暂”案件。

实现“当下治”，更要“长久立”。去“存量”的同时进一步扎紧制度“笼子”，坚决防止“层层失守、一路绿灯”。

——最高人民法院、最高人民检察院、公安部、司法部联合出台《关于加强减刑、假释案件实质化审理的意见》，全链条破解减刑、假释案件审理流于形式、“纸面服刑”等问题。

——最高人民检察院研究制定《人民检察院巡回检察工作规定》，将派驻检察改为“派驻加巡回”检察模式，解决检察监督虚化弱化问题。

——司法部制定出台监狱计分考核罪犯工作规定，针对考核内容单一、唯分是举、奖励标准过低等问题，对监狱计分考核进一步规范。

小智治事，大智治制。整治顽瘴痼疾，政法机关在聚焦“病灶”、把脉“病因”、破除“病根”上下功夫，通过持续不断地查改治建，实现顽瘴痼疾整治长效化。

一些法官、检察官离任后违规从事律师执业、充当“司法掮客”，影响司法公正怎么办？最高法、最高检、司法部联合发文，完善离任人员从业限制制度，以负面清单形式详细列举7种法官、检察官与律师不正当接触交往行为，构建法官、检察官与律师“亲”“清”关系；有案不立、压案不查、有罪不究，公安机关如何破解？出台深入推进公安执法监督管理机制改革意见等规定，制度“笼子”从源头扎紧扎实扎牢……

直面顽瘴痼疾，坚持标本兼治，围绕正风肃纪、素能提升、顽疾整治、执法司法监督制约等方面建章立制，政法机关公信力明显提升。

为防止出现“割韭菜”现象，实现常治长效，科技创新成果与政法工作深度融合，成为提升制约监督效能的“好帮手”。

——云南省公安厅将“受理为刑事案件但未依法立案”等情形确定为排查重点，研发智能排查模型，嵌入公安智慧法治平台。

——福建省高院整合审判执行智能化平台，统一破除信息壁垒，抓取原始数据，汇总接入廉政风险防控“清风”系统，让司法权运行的每一个流程节点全景式展现在系统中。

——山东省检察院研发智慧刑罚执行辅助办案大数据平台，推动建立省级刑事执行信息交换共享机制，实现全省法院判决、监狱监管、看守所监管、社区矫正执行、检察监督等信息集中共享和智能分析。

公安机关集中整治窗口单位、一线执法岗位“微腐败”问题，治理交管等领域逐利执法、随意执法问题；国家安全机关对隐蔽战线问题开展大检视、大整治；司法行政机关规范刑罚执行和相关执业行为，以点带面形成强大整治声势……整治顽瘴痼疾，不断推动政法队伍更好履行职责使命。

建章立制，固本培元。教育整顿突出问题整改和建立长效机制相结合、猛药治疴与抓源治本贯通，既清扫“面上”问题，又解决“里子”问题，为严格公正执法司法提供坚强保障。

淬炼思想洗礼精神
——忠诚履职担当，树立新形象回应人民群众新期盼

“因为违法犯罪，给家人带来了思想上的巨大压力和精神上的极端痛苦，特别是自己的母亲，已80多岁高龄……”服刑人员在台上声泪俱下。

“这位服刑人员之前是大家熟知且敬重的老领导，现在却作为一名罪犯站在讲台上忏悔，这种角色变化带来的警示，给我们敲响了警钟。”一名干警表示，内心触动极大，让他更加警醒，以此为戒。

这是触及灵魂的深刻洗礼——

“少数政法干警从‘执法者’沦为‘违法者’，从穿‘警服’堕落到穿‘囚服’，前车之鉴……”2021年4月，海南省第一批政法队伍教育整顿“现身说法”警示教育大会让2万余名政法干警接受了一堂特殊的教育课。

不少政法干警神情凝重、感慨万分，“让人清醒、给人警示”。

梳理违纪违法典型案例、制作警示录忏悔录、涉案干警现身说法、参观廉政教育基地……在全国政法队伍教育整顿工作中，警示教育贯穿全过程，用“身边事”警示“身边人”，以案为鉴、以案明纪，实实在在地敲响了警钟。

“家事连着国事，家风连着党风。希望各位家属经常劝导干警‘常修为政之德，常思贪欲之害，常怀律己之心’，争当‘贤内助、廉内助、严内助’，涵养好家风……”

2021年9月，湖南省人民检察院党组向全体干警家属发出一封信，号召家属发挥“大后方”的作用，共同打赢这场刀刃向内、激浊扬清的攻坚战。

广大干警触及心灵、震撼思想，深切感受到党纪法规既是“紧箍咒”，更是“护身符”，是政治生命的“安全阀”，是防止蜕变的“防腐剂”，更加知敬畏、存戒惧、守底线，一些政法干警摒弃看客思想、侥幸心理和冒险念头，打开心结、放下包袱，主动向组织交代问题。

这是过硬铁军的锻造淬炼——

“案件有难易，但承载的人民群众的期待没有大小”“用生命守护生命，用担当彰显忠诚”。2021年3月，黑龙江大庆市举办政法队伍教育整顿英模事迹报告暨学习交流会，全国优秀法官李云峰、全国优秀人民警察夏宇等英模代表作事迹报告。

全国政法队伍教育整顿启动以来，一大批内容活泼、形式新颖的学习教育活动有声有色地开展。

2021 年 1 月 10 日，公安部机关举行警旗升旗仪式。全国公安机关受表彰先进集体和英模代表、部机关干部代表 300 余人参加仪式，重温入警誓词，高唱警歌，向警旗庄严敬礼。新华社记者殷刚 摄

聚力赋能强基，上好政治教育“第一课”，全国 3200 多位省市县党委书记为干警讲授专题党课，弘扬伟大建党精神，凝聚党心民心；扎实立心铸魂，上好红色传承“初心课”，各地紧密结合开展党史学习教育，组织干警重温入党入警誓词、参观红色教育基地，汲取精神养分，砥砺初心使命。

“每一次历史的回眸，都是思想的‘点名’，精神的‘整队’。”四川大熊猫国家公园生态法庭青年法官袁野表示，要时刻牢记初心使命，赓续红色血脉。

这是为民服务的履职担当——

教育整顿期间，湖北省武汉市公安局硚口区分局在企业高端人才引进方面开辟一对一绿色通道，主动了解企业招聘情况，为企业解决应聘人员年龄与落户条件冲突等问题。武汉市硚口区的葛洲坝集团人力资源部招聘经理邬显文说：“这些变化让我切身感受到了公安队伍为企业为人民服务的热情，让执法司法为民暖在群众心坎上。”

2021年12月10日，在辽宁省本溪市公安局北地派出所民警指导下，市民自助办理机动车驾驶人相关业务。新华社发

在政法队伍教育整顿中感悟初心、践行使命，广大政法干警把教育整顿成果转化为为民服务的实际行动，深入开展“我为群众办实事”实践活动，用心用情用力解决群众急难愁盼问题，不断增强人民群众获得感、幸福感、安全感。

公安交管部门2021年再推出12项便利措施，惠及群众2亿余人次，减少群众企业办事费用20余亿元；检察机关办理一批“保障农民工工资支付”类行政检察监督案件，使农民工不再忧“薪”；人民法院推动诉讼服务进入智慧时代，实现诉讼服务全年无休、24小时“不打烊”；司法行政机关组织清理1.3万多项证明事项基础上，全面推行证明事项告知承诺制，减轻企业和群众负担……

2020 年 12 月 3 日，工作人员演示 VR 全景线上诉讼服务大厅。北京市第三中级人民法院与科技企业联合，按照具体应用场景打造“数字法院智能一体化解决方案”，提升法院智能化水平，提高工作效率，为群众提供更好服务。新华社记者金良快 摄

这是重整行装的再出发——

2021 年 11 月 26 日，新时代政法英模先进事迹报告会在人民大会堂举行。报告会上，崔道植、周春梅、施净岚、潘东升、陈昕茹、张文博 6 位政法英模的事迹感人肺腑、催人奋进。

一次次向英模的看齐，都是砥砺责任担当的郑重宣誓；一个个英雄集体的集结，都激荡着新时代政法铁军的初心。

“敬礼！向英模致敬！”广大政法干警一致表示，将以英模为榜样，深入学习贯彻习近平总书记系列重要讲话精神和党的十九届六中全会精神，以更加昂扬的姿态护航新征程、建功新时代，确保国家安全、社会安定、人民安宁，履行好党和人民赋予的新时代使命任务。

2021 年 11 月 15 日，在“时代楷模”称号发布仪式上，潘东升的同事追忆潘东升同志的先进事迹。新华社记者潘旭 摄

踏上全面建设社会主义现代化国家新征程，人们坚信，在以习近平同志为核心的党中央坚强领导下，历经政治锤炼、精神淬炼、作风历练，这支过硬政法铁军牢记使命、勇毅前行，推动建设更高水平的平安中国、法治中国，必将不断开辟“中国之治”新境界、续写“两大奇迹”新篇章！（新华全媒头条）

第二章

勇于自我革命　赢得历史主动

扫一扫，观看
《最鲜明的品格》

勇于自我革命　赢得历史主动

——写在十九届中央纪委六次全会召开之际

“我们只有勇于自我革命才能赢得历史主动。”

2021年12月31日，习近平总书记以国家主席身份发表新年贺词，深刻指出中华民族伟大复兴绝不是轻轻松松、敲锣打鼓就能实现的，也绝不是一马平川、朝夕之间就能到达的。

勇于自我革命，是中国共产党最鲜明的品格。

立志千秋伟业，百年恰是风华正茂。踏上新的“赶考”之路，以习近平同志为核心的党中央正以勇于自我革命的意志和气魄，把握历史规律、掌握历史主动，推动中国特色社会主义事业航船劈波斩浪、一往无前。

新起点，再出发——继续推进新时代党的建设新的伟大工程

2021年，中国共产党迎来百年华诞。

从成立之初只有50多名党员，到如今拥有9500多万名党员、在14亿多人口的大国长期执政的世界最大政党，中国共产党如何跳出治乱兴衰的历史周期率？

1945年，抗战胜利前夜，在延安的窑洞里，面对黄炎培提出的“历史周期率之问”，毛泽东同志给出了第一个答案，那就是“只有让人民来监督政府，政府才不敢松懈”。

2021年11月，党的十九届六中全会上，习近平总书记专门提到“窑

洞对”，神情坚定、话语铿锵——

“经过百年奋斗特别是党的十八大以来新的实践，我们党又给出了第二个答案，这就是自我革命。”

“我们党历经百年、成就辉煌，党内党外、国内国外赞扬声很多。越是这样越要发扬自我革命精神，千万不能在一片喝彩声中迷失自我。”

这是中央纪律检查委员会的办公楼（1 月 17 日摄）。
新华社记者李贺 摄

百年风雨兼程，百年大浪淘沙。

从 1932 年查处谢步升，瑞金响起惩治腐败“第一枪”，到新中国成立后处决刘青山、张子善的“共和国反腐第一案”，再到新时代以空前力度正风肃纪反腐，推进全面从严治党……中国共产党的百年历史，就是一部勇于自我革命史。

党的十九届六中全会通过的《中共中央关于党的百年奋斗重大成就和历史经验的决议》以深厚的历史智慧，从“十个坚持”深刻总结中国共产党百年奋斗的历史经验，“坚持自我革命”正是其中之一：

“只要我们不断清除一切损害党的先进性和纯洁性的因素，不断清除一切侵蚀党的健康肌体的病毒，就一定能够确保党不变质、不变色、不变味，确保党在新时代坚持和发展中国特色社会主义的历史进程中始终成为坚强领导核心。”

河北大厂回族自治县纪检干部和税务部门稽查人员在一家超市检查是否有单位公款购买购物卡情况（2019 年 1 月 22 日摄）。新华社记者王晓 摄

百年奋斗，大道如砥。

站在“两个一百年”奋斗目标的历史交汇点上，以习近平同志为核心的党中央号召全党从历史中汲取智慧，以刮骨疗毒的勇气向党内顽瘴痼疾开刀，以坚如磐石的意志正风肃纪反腐，永葆勇于自我革命这个我们党最鲜明品格。

这是新时代中国共产党人以史为鉴的清醒自觉——

“堡垒最容易从内部被攻破。”

2021 年春节假期刚过，一场覆盖全党的集中教育活动——党史学习教育拉开大幕。

习近平总书记在动员大会上强调，党的百年历史，也是我们党不断保持党的先进性和纯洁性、不断防范被瓦解、被腐化的危险的历史。

着眼于解决党的建设的现实问题，不断提高党的领导水平和执政水平、增强拒腐防变和抵御风险能力……习近平总书记号召全党总结历史经验教训，不断推进党的自我革命、永葆党的生机活力。

一年里，党史学习教育扎实深入开展，广大党员、干部受到全面深刻的历史自信、理论自觉、政治意识、性质宗旨、革命精神、时代责任教育，在学史明理、学史增信、学史崇德、学史力行上取得显著成效。

看清楚过去我们为什么能够成功，弄明白未来我们怎样才能继续成功。习近平总书记带领全党以史为鉴、学史锻志，不断从历史经验中提炼克敌制胜的法宝。

这是新时代中国共产党人永葆本色的价值追求——

2021 年 6 月，一座庄严大气的红色新地标——中国共产党历史展览馆在首都北京正式开馆。

“现在这里面的 8 条，精简会议活动、改进警卫工作、改进新闻报道、厉行勤俭节约，做得都不错，还是要反复讲、反复抓……”

2021 年 6 月 18 日，习近平等党和国家领导人来到中国共产党历史展览馆参观。在中央八项规定展板前，总书记停下脚步，话语坚定——

“八项规定要一以贯之。”

时代的回响，产生于历史和现实的碰撞。

1927 年，秋收起义部队正处于极端困难的境地，毛泽东却对部队官兵提出要求：行动听指挥，不拿群众一个红薯，打土豪要归公……这就是让人民军队立于不败之地的“三大纪律八项注意”的雏形。

90 多年后的今天，新时代的中央八项规定正深刻地改变着中国社会，成了我们党作风建设的“金色名片”。

这是新时代中国共产党人以伟大自我革命引领伟大社会革命的战略谋划——

2021年7月1日，天安门广场东风浩荡、红旗招展，庆祝中国共产党成立一百周年大会隆重举行。

站在庄严雄伟的天安门城楼上，习近平总书记以宏阔的历史视野，对党的百年辉煌历史作出深刻总结，再次强调自我革命的重要性：

“我们党历经千锤百炼而朝气蓬勃，一个很重要的原因就是我们始终坚持党要管党、全面从严治党，不断应对好自身在各个历史时期面临的风险考验，确保我们党在世界形势深刻变化的历史进程中始终走在时代前列，在应对国内外各种风险挑战的历史进程中始终成为全国人民的主心骨！”

百年大党，风华正茂。泱泱大国，气象更新。

不松劲，不停步——开创全面从严治党新局面

2022年1月4日，《中国共产党纪律检查委员会工作条例》全文公布。

作为党的历史上首部全面规范纪律检查委员会工作的党内法规，《中国共产党纪律检查委员会工作条例》明确纪委政治定位、突出纪委政治责任，凸显了纪委政治机关属性。

全面从严治党首先要从政治上看。讲政治，是我们党培养自我革命勇气、增强自我净化能力、提高排毒杀菌政治免疫力的根本途径。

进入新时代，纪检监察工作高质量发展聚焦党的政治建设，围绕“两个维护”加强政治监督，不断推进政治监督具体化、常态化，确保党中央重大决策部署贯彻落实到位。

2020年8月31日，青海省正式启动木里矿区以及祁连山南麓青海片区生态环境综合整治。及至此时，已有多人因非法采煤问题接受组织调查，木里矿区也已停止一切生产经营活动。

在此基础上，一场作风突出问题集中整治在青海全省展开。

这是工程车辆在木里矿区进行整治作业（2020 年 8 月 31 日摄）。
新华社记者王浡 摄

青海省纪委监委向海西蒙古族藏族自治州州委州政府下发修复政治生态的意见。在做好木里矿区这个“点”上整治的同时，青海还对祁连山南麓青海片区 6.31 万平方公里这个“片”拉网排查，对发现的 798 个“问题图斑”分类整治。

加强对筹办北京冬奥会、冬残奥会等重点任务的监督，深化人防和供销系统腐败治理、违建别墅清查整治、煤炭资源领域腐败专项整治……

党中央重大决策部署到哪里，监督检查就跟进到哪里。2021 年 1 月至 10 月，全国纪检监察机关发现并纠正贯彻落实习近平总书记重要指示批示和党中央重大决策部署不力问题 24.7 万个。

2021 年 12 月 1 日，党的十九届六中全会闭幕不到一个月，中央纪委国家监委网站发布消息——

“江苏省委原副书记张敬华涉嫌严重违纪违法，目前正接受中央纪委国家监委纪律审查和监察调查。”

随着张敬华被查，2021 年中央纪委国家监委网站公布的接受审查调查的中管干部已达 25 名，其中不乏金融、政法等重点领域、关键环节的“大老虎”。

如果说腐败是疾病，那么重点领域、关键环节腐败就是位于要害部位、最严重最凶险的毒瘤。

一年间，各级纪检监察机关聚焦政策支持力度大、投资密集、资源集中的领域和环节，加强监督执纪执法，惩治震慑、制度约束、提高觉悟一体发力。

在金融领域，国家开发银行原党委委员、副行长何兴祥，中国农业发展银行河南省分行原党委副书记、副行长杨百路等一批“蛀虫”被查处，案件查办深度和广度不断拓展；

在政法系统，全国第一批政法队伍教育整顿及“回头看”开展期间，有近2万名干警主动投案，195名厅局级干部被处理处分。最高人民法院原审判委员会委员、执行局局长孟祥等一批政法系统“老虎”被查；

在粮食购销领域，中央纪委国家监委于2021年8月在全国范围内部署开展粮食购销领域腐败问题专项整治工作，各级纪检监察机关针对粮食购销领域腐败问题加大办案力度，查处了一批胆大妄为、贪得无厌的“粮耗子”……

2021年岁末，中央纪委国家监委网站发布了年度十大反腐热词，“风腐一体”正是其中之一。

“四风”问题和腐败同根同源、互为表里。2021年9月，中央纪委国家监委公开通报违反中央八项规定精神典型问题，10起中就有5起是中管干部由风变腐、风腐一体，最终受到党纪国法制裁的严重违纪违法案件。

严惩“四风”问题，就是铲除滋生腐败的温床。

2021年1月至11月，各级纪检监察机关共查处“四风”问题9.1万起，批评教育帮助和处理13.1万人。与此同时，2021年中央纪委国家监委共通报曝光4批34起典型问题，以案释纪说法力度进一步加强。

“探索推行行贿人‘黑名单’制度。”在中央纪委国家监委2021

年会同多单位印发的《关于进一步推进受贿行贿一起查的意见》中的这一要求，引起了舆论热议。

有网友评论：对于行贿人来说，因为行贿而被“拉黑”，意味着今后可能处处受限，这就是“打蛇打七寸”。

全面从严治党，务必扎紧制度的“笼子”。

2021 年，从“一把手”监督到受贿行贿一起查，从监察法实施条例到监察官法，再到纪委工作条例……一系列法规制度的制定施行，不仅对党员干部遵纪守法提出更高要求，也对纪检监察干部依规依纪依法开展工作作出严格规范。

一个个案例、一条条规定，见证着全面从严治党持续推进、开启新局的伟大实践。

事实已经证明并将继续证明，自我革命是推动社会革命的强大动力，是一场顺应人民期盼、纯洁党的肌体、真正赢得党心民心的斗争。

陕西省西安市长安区秦岭违建别墅“群贤别业”拆除后建设的秦岭和谐森林公园（2019 年 7 月 26 日摄，无人机照片）。新华社记者 刘潇 摄

担使命，向未来——以自我革命掌握历史主动

“自我革命关键要有正视问题的自觉和刀刃向内的勇气。”

2022 年新年伊始，省部级主要领导干部学习贯彻党的十九届六中全会精神专题研讨班在中央党校（国家行政学院）开班。

在这堂为“关键少数”上的“开年第一课”上，习近平总书记再次敲响警钟——

“现在，反腐败斗争取得了压倒性胜利并全面巩固，但全党同志要永葆自我革命精神，增强全面从严治党永远在路上的政治自觉，决不能滋生已经严到位的厌倦情绪。”

“党风廉政建设和反腐败斗争永远在路上，一刻也不能放松，要以抓铁有痕、踏石留印的坚韧和执着，继续打好党风廉政建设和反腐败斗争这场攻坚战、持久战。”

“不论谁在党纪国法上出问题，党纪国法决不饶恕。”

……

只有将自我革命进行到底，勇敢面对“四大考验”，坚决战胜“四种危险”，毫不动摇地把党建设得更加坚强有力，才能推动中国特色社会主义事业行稳致远。

以自我革命掌握历史主动，必须增强全面从严治党永远在路上的政治自觉——

新年再打“虎”！

2022 年 1 月 8 日，中央纪委国家监委网站连续发布西藏自治区政府副主席张永泽，中国人寿保险（集团）公司党委书记、董事长王滨接受审查调查的消息，再次释放党风廉政建设和反腐败斗争一刻不停的清晰信号。

反腐败没有选择，必须知难而进。

自我革命，务必保持清醒头脑、增强政治定力，准确把握新时代新阶段的特征和要求，敢于斗争、善于斗争，把严的主基调长期坚持下去，持之以恒正风肃纪反腐，保持对腐败的压倒性力量常在。

以自我革命掌握历史主动，必须始终坚持以人民为中心的根本政治立场——

“几年过去了，我们的钱终于拿到手了……”西藏那曲市比如县纪委监委干部到茶曲乡回访时，该乡塔果村一位村民激动地说。

2016 年 8 月，茶曲乡党委、政府违规征用塔果村 13 户群众土地，且未及时兑现征地补偿款 17.44 万元。中央脱贫攻坚专项巡视“回头看”后，在县纪委监委督促下，群众的补偿款终于得以兑现，相关责任人也受到处分。

江山就是人民，人民就是江山。

福建省建瓯市接访工作人员在小桥镇墟日上接受群众来访（2018 年 4 月 1 日摄）。新华社记者张国俊 摄

做实监督职责，督促各级各部门各负其责；保持高压态势，严查民生领域腐败和作风问题；深化专项治理，解决群众最关心最直接最现实的利益问题……只有以正风肃纪反腐的实际成效赢得人民群众的衷心拥护，才能获得自我革命的不竭动力。

以自我革命掌握历史主动，必须坚持不敢腐、不能腐、不想腐一体推进——

“没想到自己成了一个法治建设或者公平正义的破坏者”“我疯

狂的贪欲登峰造极，但我不知道要钱为了什么”……

近日，电视专题片《零容忍》正热播，公安部原党委委员、副部长孙力军，贵州省政协原党组书记、主席王富玉等人在镜头前的忏悔引人深思。

惩前毖后，方能治病救人。

进一步强化不敢腐的震慑，扎牢不能腐的“笼子”，增强不想腐的自觉，积极探索“三不”贯通融合的有效载体、实践途径，发挥标本兼治的综合效应，才能走出一条具有中国特色的腐败治理道路，取得更大治理效能。

以自我革命掌握历史主动，必须充分发挥监督保障执行、促进完善发展作用——

2021 年 6 月 10 日，《中共中央 国务院关于支持浙江高质量发展建设共同富裕示范区的意见》发布，赋予浙江先行先试为全国实现共同富裕探路的使命。

良好的营商环境是实现高质量发展、建设共同富裕示范区的重要保证。浙江省纪检监察机关进一步梳理监督重点，跟进监督、精准监督：

出台准则，为公职人员在政商交往中筑起“防火墙”；督促优化流程、提速办理，打通营商环境“中梗阻”；部署开展影响亲清政商关系突出问题专项治理，以有力监督护航企业高质量发展……

常青之道，贵在自胜。

70 多年前，一本《甲申三百年祭》因对明末农民起义痛失政权的深刻反思，被远在延安的毛泽东同志列为全党的整风文件之一，要求全党干部阅读并引以为戒。

2021 年 9 月，习近平总书记在陕西榆林考察时提起这本论著，感慨道：“中国革命必然胜利在这里就能找到答案。”

赶考永远在路上，自我革命也永远在路上。

向着第二个百年奋斗目标进军的号角已经吹响，全面从严治党踏上新的征程。在以习近平同志为核心的党中央坚强领导下，中国共产党必将坚持不懈推进自我革命、牢牢把握历史主动，不断自我净化、自我完善、自我革新、自我提高，始终成为引领国家和民族发展的中流砥柱！（新华全媒头条）

锻造坚强领导力量

——各地学习贯彻落实六中全会精神深入推进全面从严治党观察

办好中国的事，关键在党，关键在党要管党、全面从严治党。

党的十九届六中全会审议通过的《中共中央关于党的百年奋斗重大成就和历史经验的决议》，全面总结了党的百年奋斗重大成就和历史经验，充分肯定党的十八大以来在全面从严治党上取得的历史性、开创性成就，强调要继续推进新时代党的建设新的伟大工程，坚持全面从严治党，坚定不移推进党风廉政建设和反腐败斗争。

常青之道，贵在自胜。在全面从严治党的革命性锻造中，中国共产党正以前所未有的强大生机与活力，引领中国特色社会主义事业巨轮劈波斩浪、一往无前。

清风劲吹，擦亮“金色名片”

党的作风，就是党的形象。持续擦亮作风建设的“金色名片”，才能保持党同人民群众的血肉联系，厚植党的执政根基。

“全面从严治党必须从人民群众反映强烈的作风问题抓起。”决议中的这一深刻论述，让江苏省南京市栖霞区仙林街道党工委书记孙金娣深有感触。

“基层是面向群众最直接的‘窗口’，来不得半点虚假。干部搞形式主义、官僚主义，干群关系就容易陷入僵局、积累矛盾。”孙金娣说，破除形式主义和官僚主义就是要聚焦群众急难愁盼，不断把解决人民群众的“问题清单”变成自己的“履职清单”，用自己的“辛苦指数”提升群众的“满意指数”。

综合改善小区居住环境、多渠道筹措就业岗位、常态化文明家风评比……在党建引领下，仙林街道以网格化治理提升服务能力，网格负责人每天至少巡查2次，每月至少上门服务1次，电话、微信随时“在线”，赢得了社区居民的一致好评。

作风连着民心，小节牵动大局。狠刹公款送礼、公款吃喝、公款旅游、奢侈浪费等不正之风，是加强作风建设的基本要求。

近年来，广东省茂名市纪委监委紧盯违规吃喝、收送礼品礼金等“节日病”，坚持“一节一提醒”，累计向全市领导干部发送廉洁短信8.5万多人次，公开通报违反中央八项规定精神典型案例162起。

“督促各地区各单位建立健全节假日期间紧盯‘四风’问题值班报告制度的同时，我们还不定期开展明察暗访，推动作风建设常态化。”茂名市纪检监察机关相关负责人表示，“贯彻落实六中全会精神，我们将把严的主基调长期坚持下去，坚决杜绝‘已经严到位、严到底、严到头了’的念头。”

既要持之以恒纠“四风”，也要激浊扬清树“新风”。

“点菜点少、不够再添”“光盘行动、从我做起”“厉行节约、反对浪费”……在上海市普陀区政府机关食堂内，随处可见的提示标语和宣传海报让人眼前一亮。

“此次全会决议提出‘倡导勤俭节约、反对铺张浪费’等要求，彰显了我们党艰苦奋斗、勤俭节约的优良传统。”上海市普陀区机关事务管理局办公室主任陈愉介绍，在推出小份饭菜的同时，普陀区机关食堂还为就餐“光盘”者发放“奖励券”，以此帮助大家将节约意识落实在点滴行动里。

徙木立信，春风化雨。放眼神州大地，全面从严治党由中央八项规定破题，不断健全作风建设长效机制，涤荡痼疾、扫除积弊，党风政风为之一新，社风民风为之一振。

培根铸魂，坚定理想信念

唯有理想信念之火的引领，才能永葆共产党人的政治本色，挺起共产党人的精神脊梁。

“长征故事墙”“党史文化墙”……在贵州省遵义市红花岗区老城街道杨柳街，一个个展示板块组成的“党员政治生活街”里，一场“开放式”的党史学习教育活动正热火朝天地开展着。

在讲解员的细致解说下，党员们深入了解中国共产党的发展历程和红军与遵义百姓鱼水情深的动人故事，重温共产党人英勇顽强、忠诚为民的革命精神。

“纪律严明的红军进入遵义城后，不拿老百姓一针一线，不影响群众正常生活，也因此赢得了人民的拥护和爱戴，这令我印象十分深刻。”老城街道纪念馆社区党总支副书记胡家伟说，作为一名基层干部，自己将传承红色基因、坚定理想信念，牢牢守住拒腐防变的底线，无愧于今天的使命担当。

在陕西省铜川市耀州区照金镇，红色文化资源中蕴含的家教家风、家规家训，正借助党风廉政宣传教育，通过“清风家话”故事分享会、亲子诵读红色经典等丰富多彩的形式在党员干部家庭中蔚然成风。

如何筑牢党员干部家庭“防腐墙”？耀州区实行了包括开展一项“清风·家工程”、上好廉洁从政“第一课”、每逢节日发送一次廉政提醒等项目在内的“九个一”工程，将廉政文化与红色传统相结合，渗透到党员干部工作、生活的各个领域。

“作为红色革命老区，照金将在反腐倡廉中充分发挥红色文化、红色故事感染人、激励人、影响人的作用，引导党员干部严以律己、从严治家，以纯正家风涵养清朗党风、政风。”照金镇党委书记杨琦说。

在广西南宁市中华中路社区，看电影、党史知识竞赛等活动的开展，让红色资源“活”了起来。

“最近我们观看了电影《长津湖》，不少党员被那段历史所感染，自发地分享了观后感。”中华中路社区党委书记谢华娟说，六中全会一结束，社区就组织辖区党员结合党史学习教育深入学习全会精神，以红色故事、红色文化开展培根铸魂的理想信念教育。

“广西有着丰富的红色文化资源，湘江战役等历史故事都是很好的党史学习教材。”谢华娟说，下一步社区将运用红色故事会、演讲比赛等更多形式，带动党员干部群众学习党史、坚定理想信念。

基层是党的执政之基、力量之源。组织体系严密、纪律规矩严明的党组织，是落实党的路线方针政策和各项工作任务的战斗堡垒。

不久前，江西省铅山县发生新冠肺炎疫情，其下辖的河口镇也受到影响。在当地基层党组织和党支部的带领下，200 余名镇村干部、700 余名志愿者以及民兵队伍等挺进疫情防控最前线，构筑起抵御疫情的坚强屏障。

“这场疫情防控阻击战不仅是检验基层党组织战斗力的‘试金石’，更是提升基层党员干部能力的‘磨刀石’。”铅山县河口镇党委书记徐邦敏说，正是在这样的大战大考中，才能体现出共产党员信念坚定、敢于担当的优良品质。

刀刃向内，牢记初心使命

“我县一街道办事处副主任兼村党支部书记王某某利用职务便利，非法收受或索取他人财物、贪污政府下拨资金、侵占村集体资金，最终受到开除党籍、开除公职处分，并被判处有期徒刑五年两个月……”

浙江省湖州市德清县下渚湖街道党工委书记泉江东结合当地的一起典型案例，为党员干部上了一堂生动的廉政教育课，让与会同志深受触动。

这是德清县探索开发出的“书记说廉”廉政教育模式的一个缩影。今年以来，通过各级书记以案说纪、说法的形式，28600余人次党员干部接受了廉政教育，收获了良好的教育效果。

“坚持全面从严治党，坚定不移推进党风廉政建设和反腐败斗争是全会的明确要求，落实到基层，就是在每天的工作中牢记初心使命、严守党纪国法。”下渚湖街道农业农村办公室干部胡红星表示，“书记说廉”的教育形式既起到了警示作用，又提出了具体要求，对指导日常工作很有帮助。

坚决整治群众身边腐败问题，能让群众更多感受到反腐败的实际成果。

“……孙某某在担任葛渔城镇佟庄村党支部书记期间，将村集体机动地粮食直补款、某公司场地租金收入账外保管、直接开支，侵害群众利益，造成不良影响。2020年8月，孙某某受到撤销党内职务处分。”今年9月，河北省廊坊市安次区纪委监委发布的一条通报消息，让当地群众拍手称快。

记者了解到，为持续整治群众身边的腐败问题和不正之风，安次区纪委监委紧盯教育、医疗、养老、社保、乡村振兴等重点领域持续发力，打击“蝇贪”和“硕鼠”，赢得了老百姓点赞。

“正风肃纪反腐事关民心所向，是保持党同人民群众血肉联系、满足人民群众对公平正义需求的重要途径。”安次区纪委副书记、监委副主任邢德智表示，在接下来的工作中将持续推动解决民生痛点问题，让群众获得感成色更足、幸福感更可持续、安全感更有保障。

抓早抓小，防微杜渐。让红脸出汗成为常态，才能有力推动管党治党实现从“惩治极少数”向“管住大多数”的转变。

“感谢区纪委监委的监督协调，帮我们解决了小区的内涝问题。”位于四川省南充市顺庆区北城街道的粮食局宿舍雨污管道升级改造完成后，61岁的张文全对前来回访的纪检监察干部竖起了大拇指。

据介绍，由于管道老旧等原因，北城街道多个小区都存在严重的内涝问题，居民生活受到影响。“了解到这一情况后，我们立即对相关职能部门负责人进行了提醒谈话，督促其对相关小区内涝情况进行全方位摸排整治。”顺庆区纪委监委第二纪检监察室副主任诸明亮介绍，截至目前，当地已完成12个小区的内涝整治，惠及群众1200余户。

“联村清风行”“阳光问政坝坝会”……记者了解到，通过一系列形式多样的监督载体，5年来，顺庆区纪检监察部门已累计整改群众反馈问题3.2万余个。

“党的十九大以来，顺庆区纪检监察部门已累计受理各类信访举报985件，立案查处664件，运用‘四种形态’处置1996人次，反腐败斗争压倒性胜利得到持续巩固拓展。”顺庆区纪委书记、监委代主任赵光学说，“我们将深入贯彻落实六中全会精神，紧盯重点领域、重要环节、关键少数提升监督质效，以高质量监督推动全面从严治党向纵深发展。”（新华全媒头条）

永远吹响新时代党的自我革命冲锋号

全面从严治党是新时代党的自我革命的伟大实践，开辟了百年大党自我革命的新境界，这阐明了党的自我革命与全面从严治党的逻辑关系。

只要存在腐败问题产生的土壤和条件，腐败现象就不会根除，我们的反腐败斗争也就不可能停歇。

坚决纠治影响党中央决策部署贯彻落实、漠视侵害群众利益、加重基层负担的形式主义、官僚主义，深入整治损害党的形象、群众反映强烈的享乐主义、奢靡之风。

完善权力监督制度和执纪执法体系，使各项监督更加规范、更加有力、更加有效。

一体推进追逃防逃追赃，推动重点个案攻坚，实现了“天网行动”的新升级。

文 | 过勇

习近平总书记在十九届中央纪委六次全会上深刻指出，党的十八大以来，全面从严治党取得了历史性、开创性成就，产生了全方位、深层次影响，必须长期坚持、不断前进。

习近平总书记的重要讲话，深刻总结新时代党的自我革命的成功实践，强调坚持严的主基调不动摇，坚持不懈把全面从严治党向纵深推进。这为新形势下纵深推进全面从严治党提供了行动纲领，也为党在第二个百年奋斗目标新征程中继续坚持自我革命奠定了重要基础。

此次中央纪委全会对推动全面从严治党向纵深发展进行了周密部署，结合当前全面从严治党的形势与任务提出了一系列新论断、新方向、新要求，“六个必须”“九个坚持”为继续打好党风廉政建设和反腐败斗争攻坚战持久战提供了方向指引，充分彰显出中国共产党坚定不移反对腐败的政治决心从未改变。

以党的自我革命战略思想引领全面从严治党

如何跳出历史周期率，是中国共产党一直以来始终思考的重大命题，也是保证我们党长期执政必须回答好的核心问题。

党的十八大以来，习近平总书记在总结运用党的百年奋斗历史经验基础上，明确提出党的自我革命的战略思想，将自我革命摆在突出位置，不断清除损害党的先进性和纯洁性的因素，不断清除一切侵蚀党的健康肌体的病毒，成功探索出依靠党的自我革命跳出历史周期率的又一有效路径，使党在新时代焕发出强有力的生机活力。

习近平总书记在此次中央纪委全会上指出，全面从严治党是新时代党的自我革命的伟大实践，开辟了百年大党自我革命的新境界。这是对全面从严治党重要地位的深刻论断，阐明了党的自我革命与全面从严治党的逻辑关系。

党的十八大以来，党中央坚持党要管党、全面从严治党，直面党内存在的顽瘴痼疾，以刀刃向内、刮骨疗毒的政治勇气推出了一系列重大举措，创新性提出不敢腐、不能腐、不想腐一体推进的战略目标，推动反腐败斗争取得压倒性胜利并全面巩固，管党治党宽松软状况得到根本扭转，清除了党、国家、军队内部存在的严重隐患，全面从严治党的政治引领和政治保障作用得到充分发挥。

自我监督是世界性难题，是国家治理的“哥德巴赫猜想”。中国共产党为世界政党提供了管党治党新经验。实践充分表明，中国共产党能够依靠自身力量发现问题、纠正偏差，深化改革、强化治理，推动管党治党和执政能力整体提升。

科学谋划精准施治推进反腐败工作

习近平总书记在此次中央纪委全会上指出，我们必须清醒认识到，腐败和反腐败较量还在激烈进行，并呈现出一些新的阶段性特征，防范形形色色的利益集团成伙作势、“围猎”腐蚀还任重道远，有效应对腐败手段隐形变异、翻新升级还任重道远，彻底铲除腐败滋生土壤、实现海晏河清还任重道远，清理系统性腐败、化解风险隐患还任重道远。

“四个任重道远”充分证明当前反腐败斗争形势依然严峻复杂。据统计，2021年全国纪检监察机关共立案63.1万件，处分62.7万人，数据也说明腐败和反腐败的较量远未停止。只要存在腐败问题产生的土壤和条件，腐败现象就不会根除，我们的反腐败斗争也就不可能停歇。

党的十八大以来，反腐败工作成效显著。

聚焦重点领域精准推进反腐败斗争。党的十八大以来特别是十九大以来，党中央紧紧盯住重点领域，科学谋划、精准施治推进各领域反腐败工作。2021年各级纪检监察机关聚焦国企、金融、政法、粮食购销、开发区建设等重点领域开展监督执纪，以点带面深化反腐败斗争向纵深发展，取得了显著成果。

习近平总书记在此次中央纪委全会上进一步要求，要加强对党中央惠民利民、安民富民各项政策落实情况的监督，集中纠治教育医疗、养老社保、生态环保、安全生产、食品药品安全等领域群众反映强烈的突出问题，巩固深化扫黑除恶专项斗争、政法队伍教育整顿成果，让群众从一个个具体问题的解决中切实感受到公平正义。

深入推进管党治党实践创新、理论创新、制度创新。党的十八大以来，以习近平同志为核心的党中央继承和发展马克思主义建党学说，总结运用党的百年奋斗历史经验，对建设什么样的长期执政的马克思主义政党、怎样建设长期执政的马克思主义政党的规律性认识达到新的高度。

在实践方面，以雷霆之势反腐惩恶，形成了诸多重大经验成果；在理论方面，具有中国特色的反腐败理论创新成果丰硕，推动建立纪检监察一级学科，为廉政建设提供理论支撑；在制度方面，加快理论与实践成果的制度转化，坚持构建管党治党制度规范体系，为推进伟大自我革命提供制度保障。

作风建设成果稳步转化为治理效能

学习党史，就要传承红色基因。其中的关键，就是继承弘扬党的光荣传统和优良作风。

党的十八大以来，党中央深刻总结作风建设的历史经验，明确提出在新时代要继承弘扬党的光荣传统和优良作风。

习近平总书记在此次中央纪委全会上强调，要深入学习贯彻党的十九届六中全会精神，持之以恒推进党史学习、教育、宣传，引导全党坚定历史自信，让初心使命在内心深处真正扎根，把忠诚于党和人民落到行动上，继承弘扬党的光荣传统和优良作风，为党和人民事业赤诚奉献，在新的赶考之路上考出好成绩。

中国共产党历来重视党的作风建设，将作风建设视为党的生命线。党的十八大以来，党中央从制定和落实中央八项规定破题，十年来坚持以上率下，以持之以恒整治“四风”的定力狠抓作风问题，刹住了一些过去被认为不可能刹住的歪风，纠治了一些多年未除的顽瘴痼疾，党风政风和社会风气为之一新。

习近平总书记在此次中央纪委全会上指出，要加固中央八项规定的堤坝，锲而不舍纠“四风”树新风。

我们党来自人民、植根人民、服务人民，一旦脱离群众就会失去生命力，全面从严治党必须从人民群众反映强烈的作风问题抓起，比如对群众反映强烈的公款吃喝、餐饮浪费等歪风陋习露头就打、反复敲打。

形式主义、官僚主义是党和国家事业发展的大敌。在此次中央纪委全会上，习近平总书记强调，要从领导干部特别是主要领导干部抓起，树立正确政绩观，尊重客观实际和群众需求，强化系统思维和科学谋划，多做为民造福的实事好事，杜绝装样子、搞花架子、盲目铺摊子。

此次中央纪委全会明确，坚决纠治影响党中央决策部署贯彻落实、漠视侵害群众利益、加重基层负担的形式主义、官僚主义，深入整治损害党的形象、群众反映强烈的享乐主义、奢靡之风，查处不尊重规律、不尊重客观实际和群众需求的乱作为问题以及推诿扯皮、玩忽职守、不思进取的不作为问题。

党和国家监督体系协同发展

健全完善党和国家监督体系，推动国家监察体制改革，构建巡视巡察上下联动格局，构建以党内监督为主导、各类监督贯通协调的机制，加强对权力运行的制约和监督，是党的十八大以来全面从严治党的重大创新成果。

习近平总书记在此次中央纪委全会上强调，要完善权力监督制度和执纪执法体系，使各项监督更加规范、更加有力、更加有效。

在党和国家监督实践中，纪律监督、监察监督、派驻监督、巡察监督“四个监督”全覆盖得到了高质量统筹推进，围绕监督检查、审查调查等关键环节，进一步加强上级纪委监委对下级纪委监委、派出机关对派驻机构的领导，加强对驻在部门机关纪委履职情况的监督指导。

强化对重点人群的监督，是十八大以来党中央多次强调的监督思路。大量腐败案例充分证明，“关键少数”特别是“一把手”始终是腐败易发多发人群以及被“围猎”的主要对象。

2021年，《中共中央关于加强对“一把手”和领导班子监督的意见》出台，对“一把手”和同级以及下级领导班子监督提出了详细要求，为对“关键少数”特别是“一把手”开展全方位监督提供了制度依据。

习近平总书记在此次中央纪委全会上强调，各级党委（党组）要履行党内监督的主体责任，突出加强对“关键少数”特别是“一把手”和领导班子的监督。此次中央纪委全会还明确提出，要紧盯“关键少数”，加强对“一把手”和领导班子落实全面从严治党责任、执行民主集中制、依规依法履职用权等情况的监督。

加强年轻干部教育管理监督，教育引导年轻干部成为党和人民忠诚可靠的干部，是守住拒腐防变防线的重要一环。

习近平总书记在此次中央纪委全会上指出，年轻干部一定要有清醒的认识，经常对照党的理论和路线方针政策、对照党章党规党纪、对照初心使命，看清一些事情该不该做、能不能干，守住拒腐防变的防线。

国际反腐败合作的中国方案赢得共识

深入推进反腐败国际合作，是党的十八大以来全面从严治党的重要内容，也是保持反腐败震慑效应的关键基础。

近年来，中国向世界宣示反腐败国际合作新主张，主动提出一系列反腐败国际合作倡议，倡议构建国际反腐新秩序。习近平总书记在重大多双边外交活动中围绕合作打击跨国腐败等问题进行重要论述，广泛凝聚了国际共识。

一体构建追逃防逃追赃机制。党的十八大以来，随着“天网行动”的持续开展，反腐败国际追逃追赃取得了显著成效，“红色通缉令”归案人员不断攀升。习近平总书记指出，要加大国际追逃追赃力度，推动二十国集团、亚太经合组织、《联合国反腐败公约》等多边框架下的国际合作，实施重大专项行动，把惩治腐败的天罗地网撒向全球，让已经潜逃的无处藏身，让企图外逃的丢掉幻想。

中央纪委国家监委按照党中央部署，一体推进追逃防逃追赃，推动重点个案攻坚，实现了“天网行动”的新升级。

加强境外企业合规建设和廉洁风险防控。党的十八大以来，“一带一路”建设成为中国对外开放的重要平台。中国企业作为廉洁丝绸之路的重要参与者和建设者，其廉洁合规状况直接关乎国家形象。

为有效提高中国企业在境外经营过程中的廉洁合规管理水平，中央纪委国家监委持续推进企业境外腐败治理工作，不断强化对境外投资经营等领域的廉洁风险防控，连续举办“一带一路”参与企业合规经营培训班，推动开展企业廉洁合规问题研究，推进中国企业在境外经营中行稳致远。（作者为清华大学党委副书记、廉政与治理研究中心主任，国家监委特约监察员）

坚持自我革命跳出历史周期率

不论什么问题，不论谁出问题，该出手时就出手，对腐败问题尤其要坚决查处，不断清除一切损害党的先进性和纯洁性的因素，不断清除一切侵蚀党的健康肌体的病毒。

敢于直面问题，勇于自我革命，这也是我们党作为马克思主义政党的特质，是党历经百年沧桑而永葆青春活力的奥秘。

中国共产党能否跳出治乱兴衰的历史周期率？如何跳出这一历史周期率？毛泽东同志在延安窑洞里给出了第一个答案，这就是“只有让人民来监督政府，政府才不敢松懈”。经过百年奋斗特别党的十八大以来的新的实践，我们党又给出了第二个答案，这就是自我革命。

勇于自我革命是我们党区别于其他政党的显著标志。先进的马克思主义政党不是天生的，而是在不断自我革命中淬炼而成的。我们党穿越百年风风雨雨，多次在危难之际重新奋起、失误之后拨乱反正，成为打不倒、压不垮的马克思主义政党。

“不私，而天下自公。”我们党代表中国最广大人民的根本利益，没有任何自己特殊的利益，从来不代表任何利益集团、任何权势集团、任何特权阶层的利益。这是我们党敢于自我革命的勇气之源、底气所在。正因为无私，才能经常检视自身、常思己过，才能摆脱一切利益集团、权势集团、特权集团的围猎腐蚀，并向党内被这些集团、团体、阶层所裹挟的人开刀。

百年奋斗实践证明，我们党之所以伟大，不在于不犯错误，而在于从不讳疾忌医，敢于直面问题，勇于自我革命，这也是我们党作为马克思主义政党的特质，是党历经百年沧桑而永葆青春活力的奥秘。

党的十八大以来，以习近平同志为核心的党中央以前所未有的勇气和定力全面从严治党，打了一系列自我革命的“组合拳”，形成了一整套自我净化、自我完善、自我革新、自我提高的制度规范体系。针对“七个有之”等严重影响党的形象和威信、严重损害党群干群关系的突出问题，坚持严的主基调，强化监督执纪问责，抓住“关键少数”，党在革命性锻造中更加坚强。特别是以猛药去疴、重典治乱的决心，以刮骨疗毒、壮士断腕的勇气，坚定不移“打虎”“拍蝇”“猎狐”，一体推进不敢腐、不能腐、不想腐，有力遏制腐败蔓延势头，反腐败斗争取得压倒性胜利并全面巩固，清除了党、国家、军队内部存在的严重隐患。

我们党历经百年，成就辉煌，党内党外、国内国外的赞扬声很多。越是这样越要永葆自我革命精神，增强全面从严治党永远在路上的政治自觉，决不能滋生已经严到位、严到底的情绪。

党的自我革命永远在路上，要保持清醒头脑，增强政治定力，准确把握新时代新阶段的特征和要求，敢于斗争、善于斗争，确保党不变质、不变色、不变味。把严的基调长期坚持下去，持之以恒正风肃纪反腐，保持对腐败的压倒性力量常在。以正视问题的勇气和刀刃向内的自觉不断推进党的自我革命。生了病就要及时医，该吃药就吃药，该开刀就开刀。不论什么问题，不论谁出问题，该出手时就出手，对腐败问题尤其要坚决查处，不断清除一切损害党的先进性和纯洁性的因素，不断清除一切侵蚀党的健康肌体的病毒。特别是对那些攫取国家和人民利益、侵蚀党的执政根基、动摇社会主义国家政权的人，对那些在党内搞政治团伙、小圈子、利益集团的人，要毫不手软、坚决查处。

总之，我们要居安思危，以伟大自我革命引领伟大社会革命，以伟大社会革命促进伟大自我革命，确保党在新时代坚持和发展中国特色社会主义的历史进程中始终成为坚强领导核心。（《瞭望》评论员）

以伟大自我革命引领伟大社会革命

中国共产党敢于直面问题，勇于自我革命，具有极强的自我修复能力。

党要管党、从严治党，靠什么管，凭什么治？就要靠严明纪律。

作风关系着党的人心向背，关系着党的生死存亡。

坚持有腐必反、有贪必肃，以零容忍态度惩治腐败。

干“伟大的事”，靠“铁打的人”。

百年来，从建党伊始，到“进京赶考”，再到走好新时代长征路，在引领中国前行的进程中，中国共产党不断锤炼自身，锻造“铁打的人”。

“我们今天要怎样建设我们的党？”

从1939年10月，毛泽东同志在《共产党人》创刊发刊词中，首次提出党的建设“伟大的工程”这一重大命题，到党的十四届四中全会通过的《中共中央关于加强党的建设几个重大问题的决定》，明确提出党的建设的“新的伟大的工程”，再到党的十八大以来，以习近平同志为核心的党中央将全面从严治党纳入“四个全面”战略布局，在坚持和发展中国特色社会主义的进程中把党的建设新的伟大工程推进到新阶段，中国共产党人持之以恒地坚持自我革命。

从革命时期查处谢步升、黄克功，到新中国成立后查处刘青山、张子善，从改革开放第一案，到新时代反腐败“打虎”“拍蝇”、刮骨疗毒，对中国共产党来说，“从严治党”从来都是必答题。严明党的纪律规矩一以贯之，端正党风作风一以贯之，查处贪污腐败一以贯之，在革命、建设、改革各个历史时期，中国共产党的每一段征程，都不仅是年轮叠加之旅，更是自我革命之行、自我升华之路。

严明纪律永葆肌体健康

党要管党、从严治党，靠什么管，凭什么治？就要靠严明纪律。

长江之畔，武汉市武昌都府堤20号，矗立着一栋二层楼的学宫式建筑。这里，是党的五大的召开地。

“1927年，大会选举产生了党的中央监察委员会。这是我们党在历史上首次设立专门的纪律检查机构，也是中央纪委的前身。”讲解员的讲述将观众拉入党的纪律建设历程。

自诞生之日起，中国共产党就把“纪律”写在旗帜上。

党的一大通过的《中国共产党纲领》，对组织纪律和保密纪律作出明确规定。党的二大至六大党章，都专设“纪律”一章。其中，党的五大提出“宜重视政治纪律”，五大党章明确“严格党的纪律是全体党员及全体党部最初的最重要的义务”。从延安时期开始，党的纪律规矩逐步丰富成熟，党中央制定和实行了一系列纪律规矩。党的七大修改后的党章强调了民主集中制的基本原则，提出“四个服从”，设置了“党的监督机关”专章。

新中国成立以来特别是改革开放以来，中国共产党肩负的历史任务发生变化，党的纪律建设工作不断强化。

1978年12月，为维护党规党法，切实搞好党风，党的十一届三中全会决定恢复成立中央纪律检查委员会，恢复重建党的纪律检查机关。

党的十二大通过的党章将“党的纪律”和“党的纪律检查机关”分设为两章，这一体例延续至今。十四大党章将“从严治党”写入总纲，“从严治党”正式成为管党治党的总遵循和根本原则。

党的十八大以来，以习近平同志为核心的党中央把加强纪律建设作为全面从严治党的治本之策，政治纪律和政治规矩不断严明，党规党纪的笼子越扎越密，纪律作为管党治党利器的作用进一步彰显。

党的十九大把纪律建设与政治、思想、组织、作风、制度等方面建设并列，将“全面从严治党”写入党章，党的建设总体布局由此形成。

在党的纪律中，政治纪律是打头、管总的，是最重要、最根本、最关键的纪律。

“政治纪律严明，党就有团结统一、兴旺发达的基础。”中国纪检监察学院党委副书记、纪委书记蔡志强说，党员要把“两个维护”作为最根本的政治纪律和政治规矩，不断淬炼磨砺自己的政治自觉，提高政治判断力、政治领悟力、政治执行力，严守党的政治纪律和政治规矩。

党中央高度重视制度建设和执行力度，为全面从严治党提供制度保障。特别是党的十八大以来，以《中国共产党章程》为基础，《关于新形势下党内政治生活的若干准则》《中国共产党廉洁自律准则》《中国共产党党内监督条例》《中国共产党纪律处分条例》《中国共产党问责条例》《中共中央关于加强对“一把手”和领导班子监督的意见》等百余部党内法规先后修订、出台，扎紧制度“笼子”，强化刚性约束。

“这些党内法规都蕴含着严明的纪律规矩，为确保我们党始终成为中国特色社会主义事业的坚强领导核心提供了制度保障。”中共中央党校（国家行政学院）副校（院）长谢春涛说。

作风建设永远在路上

走进陕西延安杨家岭革命旧址，中央大礼堂庄严肃穆，这里曾是党的七大会址。大礼堂内部按照七大会场原貌布置，墙壁的旗座上写着“坚持真理修正错误”八个大字，向世人“诉说”着中国共产党人的优良作风。

作风关系着党的人心向背，关系着党的生死存亡。

1949 年 3 月，革命即将取得全国胜利，党的七届二中全会在西柏坡召开。进入繁华城市、执掌全国政权的历史条件下，如何始终保持党的先进性和纯洁性？毛泽东同志提出："务必使同志们继续地保持谦虚、谨慎、不骄、不躁的作风，务必使同志们继续地保持艰苦奋斗的作风。"这也为在全国执政后党的建设指明了方向。

"两个务必"提出两个月后，人民解放军上海警备区三营八连进驻上海，执勤于繁华的南京路。

当时曾有人预言，上海是个大染缸，共产党的军队红着进去，不出三个月就会黑着出来。让人没料到的是，在灯红酒绿的闹市中，八连官兵住旧仓库，睡地铺，穿粗布衣服、老布袜子，人人有三件宝：草鞋、自糊信封和针线包，连队和各班排自备"三箱"：修理箱、木工箱和理发箱。

从"南京路上好八连"身上，人们看到了共产党和人民军队全心全意为人民服务和艰苦奋斗的本色。

建党百年，从弘扬古田会议求真务实作风，到开展延安整风运动，再到多次在全党进行集中性学习教育，中国共产党始终以自我革命加强作风建设，同一切影响党的先进性、弱化党的纯洁性的问题作斗争。

进入新时代，以习近平同志为核心的党中央抓住作风建设这条主线，从落实中央八项规定精神破题，从治理公款大吃大喝、旅游、送礼等奢靡之风入手，紧盯"舌尖上的浪费""会所里的歪风""车轮上的腐败"，抓早抓小、防微杜渐，一个节点一个节点抓，一年接着一年干，以"严"的主基调纠治"四风"，用一个个具体问题的突破，带动了作风整体转变，形成全党上下风清气正的政治生态。

"2021 年 5 月，全国查处违反中央八项规定精神问题 7894 起，批评教育帮助和处理 11316 人，其中党纪政务处分 7300 人。”这已是党的十八大以来，中央纪委国家监委连续第 93 个月公布月报数据。

“以钉钉子精神一锤接着一锤推进作风建设。”蔡志强说，从具体问题入手，紧盯“关键少数”，建立长效机制，我们党的优良作风代代传承、发扬光大。

有腐必反、有贪必肃

6 月 25 日，中外媒体记者参观中国共产党历史展览馆首展“‘不忘初心、牢记使命’中国共产党历史展览”时，被展出的一份泛黄文件吸引了目光。

“在这革命潮流仍在高涨的时候，许多投机腐败的坏分子，均会跑在革命的队伍中来……所以应该很坚决的清洗这些不良分子。”1926 年 8 月，党中央发布《中央扩大会议通告——坚决清洗贪污腐化分子》，这是中国共产党历史上第一份反腐文件。

腐败与党的性质、宗旨水火不容。从苏区时期出台党史上第一个反腐败法令，到坚决惩处刘青山、张子善的“共和国反腐第一案”，从查处广东省海丰县原县委书记王仲的“改革开放第一案”，到 2017 年习近平总书记在十八届中央纪委七次全会上宣示“得罪千百人，不负十三亿”的反腐决心，百年党史见证了中国共产党人坚决推动党风廉政建设和反腐败斗争的勇毅担当。

“严惩党内腐败分子，清除腐败现象，在党内起到警戒作用，更提高了党的威信，巩固和加强了党和人民群众的血肉联系，赢得了人民衷心拥护。”北京大学廉政建设研究中心副主任庄德水说。

党的十八大以来，以习近平同志为核心的党中央强调“打铁必须自身硬”，旗帜鲜明反对腐败，不断完善监督制度，深入探索党长期执政条件下实现自我净化的有效路径。

加强党的集中统一领导，以顽强意志品质同腐败作斗争。

2018 年 3 月，十三届全国人大一次会议审议通过宪法修正案和监察法，将党的主张变为国家意志，把党对反腐败工作的集中统一领导机制通过法律固定下来。

坚持有腐必反、有贪必肃，以零容忍态度惩治腐败。

从 2012 年 12 月到今年 5 月，在党中央坚强领导下，纪检监察机关共立案审查调查省部级以上领导干部 392 人、厅局级干部 2.2 万人、县处级干部 17 万余人。

数字背后，是党中央把全面从严治党纳入战略布局，坚持无禁区、全覆盖、零容忍，“打虎”“拍蝇”“猎狐”多管齐下，推动反腐败斗争取得压倒性胜利并全面巩固的有力实践。

坚持以人民为中心，以强有力的监督检查，坚决整治群众身边腐败和不正之风。

从深入治理民生领域的“微腐败”，到彻底扫清惠民政策落实的“绊脚石”，再到连根拔除涉黑涉恶的“保护伞”，仅 2020 年，全国就查处民生领域腐败和作风问题 12.4 万个，批评教育帮助和处理 17.7 万人。

坚持法治思维和法治方式，一体推进不敢腐、不能腐、不想腐。

近年来，中央纪委国家监委深化派驻机构改革，统一设立 46 家派驻纪检监察组，监督中央一级党和国家机关 129 家单位，监督实效不断增强。

中国反腐败司法研究中心主任、湘潭大学教授吴建雄说，党的十八大以来，党中央深化纪检监察体制改革，设立各级监察委员会，建立起集中统一、全面覆盖、权威高效的监督体系。同时坚持系统施治、标本兼治，把依法惩治、制度约束、教育引导结合起来，提升腐败治理效能，纯洁党的肌体。

“中国共产党自我革命的实践证明，中国共产党已经走出成功治党新路。中国共产党有能力战胜一切困难，更有能力解决自身存在的问题。”吴建雄说，百年来，正是因为始终坚持真理、修正错误，敢于正视问题、克服缺点，勇于刮骨疗毒、去腐生肌，我们党才经得起各种风浪考验，永葆朝气蓬勃。（《瞭望》新闻周刊记者屈辰）

全面从严治党，习近平这些话信息量很大

【学习进行时】18日，习近平总书记在中国共产党第十九届中央纪律检查委员会第六次全体会议上发表重要讲话，深刻阐述了全面从严治党取得的历史性开创性成就、产生的全方位深层次影响，对把全面从严治党向纵深推进、迎接党的二十大胜利召开作出战略部署。讲话立意高远、思想深邃、内涵丰富，具有很强的政治性、指导性、针对性，是推进新时代党的建设新的伟大工程的基本遵循，是纪检监察工作高质量发展的行动指南。

18日，习近平总书记在十九届中央纪委六次全会上发表重要讲话，就全面从严治党作出深刻阐述。

2022年，是党的十八大以来第十个年头。“十年磨一剑”的关键时刻，向第二个百年奋斗目标进军新征程的重要时刻，党的二十大将于下半年在北京召开。在此关键节点，习近平对全面从严治党作出深入阐述，意义重大。

九个“坚持”——“坚持严的主基调不动摇”

1月11日，习近平在省部级主要领导干部学习贯彻党的十九届六中全会精神专题研讨班开班式上强调，增强全面从严治党永远在路上的政治自觉，决不能滋生已经严到位的厌倦情绪。

此次中纪委全会，习近平作出深刻总结：党的十八大以来，全面从严治党取得了历史性、开创性成就，产生了全方位、深层次影响，

必须长期坚持、不断前进。他强调，坚持严的主基调不动摇，坚持不懈把全面从严治党向纵深推进。

习近平曾说："党要管党，才能管好党；从严治党，才能治好党。"对于一个拥有9500多万名党员、在一个14亿多人口大国长期执政的党，管党治党一刻不能松懈。

此次中纪委全会，习近平指出，党的十八大以来，我们继承和发展马克思主义建党学说，总结运用党的百年奋斗历史经验，深入推进管党治党实践创新、理论创新、制度创新，对建设什么样的长期执政的马克思主义政党、怎样建设长期执政的马克思主义政党的规律性认识达到新的高度。他用九个"坚持"来概括：

——坚持党中央集中统一领导；

——坚持党要管党、全面从严治党；

——坚持以党的政治建设为统领；

——坚持严的主基调不动摇；

——坚持发扬钉钉子精神加强作风建设；

——坚持以零容忍态度惩治腐败；

——坚持纠正一切损害群众利益的腐败和不正之风；

——坚持抓住"关键少数"以上率下；

——坚持完善党和国家监督制度，形成全面覆盖、常态长效的监督合力。

正如习近平所说，我们党历经千锤百炼而朝气蓬勃，一个很重要的原因就是我们始终坚持党要管党、全面从严治党。

六个"必须"——"自我革命的新境界"

习近平指出，党中央把全面从严治党纳入"四个全面"战略布局，"探索出依靠党的自我革命跳出历史周期率的成功路径"。

勇于自我革命，从严管党治党，是我们党最鲜明的品格。近期，习近平多次提及跳出历史周期率，强调“自我革命”的重要性。

2021年11月，习近平在党的十九届六中全会上对跳出历史周期率作出新解：毛泽东同志在延安的窑洞里给出了第一个答案，这就是“只有让人民来监督政府，政府才不敢松懈”。经过百年奋斗特别是党的十八大以来新的实践，我们党又给出了第二个答案，这就是自我革命。随后，习近平在二〇二二年新年贺词中指出，我曾谈到当年毛主席与黄炎培先生的“窑洞对”，我们只有勇于自我革命才能赢得历史主动。

此次中纪委全会，习近平指出，一百年来，党外靠发展人民民主、接受人民监督，内靠全面从严治党、推进自我革命，勇于坚持真理、修正错误，勇于刀刃向内、刮骨疗毒，保证了党长盛不衰、不断发展壮大。他强调，全面从严治党是新时代党的自我革命的伟大实践，开辟了百年大党自我革命的新境界。

习近平用六个“必须”阐述了全面从严治党与自我革命之间的关系：

——必须坚持以党的政治建设为统领，坚守自我革命根本政治方向；

——必须坚持把思想建设作为党的基础性建设，淬炼自我革命锐利思想武器；

——必须坚决落实中央八项规定精神、以严明纪律整饬作风，丰富自我革命有效途径；

——必须坚持以雷霆之势反腐惩恶，打好自我革命攻坚战、持久战；

——必须坚持增强党组织政治功能和组织力凝聚力，锻造敢于善于斗争、勇于自我革命的干部队伍；

——必须坚持构建自我净化、自我完善、自我革新、自我提高的制度规范体系，为推进伟大自我革命提供制度保障。

四个“任重道远”——“要保持反腐败政治定力”

党的十八大以来，以习近平同志为核心的党中央以前所未有的勇气和定力推进党风廉政建设和反腐败斗争，刹住了一些多年未刹住的歪风邪气，解决了许多长期没有解决的顽瘴痼疾，清除了党、国家、军队内部存在的严重隐患，管党治党宽松软状况得到根本扭转。此次中纪委全会，习近平指出，要保持反腐败政治定力，不断实现不敢腐、不能腐、不想腐一体推进的战略目标。

“1993年以来，我们党的总书记每年都在中央纪委全会上讲话。”习近平曾在十八届中央纪委六次全会上指出，这“表明了党中央对党风廉政建设和反腐败斗争的高度重视和坚定决心”。

此次中纪委全会，习近平用四个“任重道远”警示全党：我们必须清醒认识到，腐败和反腐败较量还在激烈进行，并呈现出一些新的阶段性特征，防范形形色色的利益集团成伙作势、“围猎”腐蚀还任重道远，有效应对腐败手段隐形变异、翻新升级还任重道远，彻底铲除腐败滋生土壤、实现海晏河清还任重道远，清理系统性腐败、化解风险隐患还任重道远。

腐败是世界性难题，也是执政党的大敌。继续推进反腐败斗争，习近平态度坚决。此次中纪委全会，习近平指出，我们要保持清醒头脑，永远吹冲锋号，牢记反腐败永远在路上。只要存在腐败问题产生的土壤和条件，腐败现象就不会根除，我们的反腐败斗争也就不可能停歇。

2021年岁末，中央纪委国家监委网站发布了年度十大反腐热词，“风腐一体”正是其中之一。严惩“四风”问题，就是铲除滋生腐败的温床。此次中纪委全会，习近平对作风建设提出新要求：加固中央八项规定的堤坝，锲而不舍纠“四风”树新风。

讲话中，习近平还对巩固拓展党史学习教育成果、强化政治监督、完善权力监督制度和执纪执法体系等作出重要部署。

“以伟大自我革命引领伟大社会革命。”新年伊始，习近平把全面从严治党向纵深推进。（新华网记者张敏彦）

延伸阅读

“打铁必须自身硬”

——看百年大党的政治品格

勇于自我革命，是中国共产党鲜明的政治品格。

“打铁必须自身硬”，彰显出中国共产党始终刀刃向内的非凡勇气和一如既往的严格要求。这也是一场自我革命、自我再塑的伟大工程。

一

强大的政党，锻造于坚定的自我革命。

放眼人类历史的浩瀚长河，从来没有一个政党像中国共产党一样，始终以强烈的忧患意识荡涤一切附着在肌体上的污秽，坚决同一切可能动摇党的根基、阻碍党的事业的现象做斗争。

1927年4月27日至5月9日，在武汉召开的中国共产党第五次全国代表大会，选举产生首届中央监察委员会。党要管党、从严治党，强化党内监督、严明政治纪律一以贯之。

从枪决刘青山、张子善的“共和国反腐第一案”，到查处广东省海丰县原县委书记王仲的“改革开放第一案”，再到以空前力度正风肃纪反腐，全面从严治党……

“不得罪成百上千的腐败分子，就要得罪十三亿人民。”习近平总书记的话掷地有声。

“反腐败斗争取得压倒性胜利”——在党的十九大作出“反腐败

斗争压倒性态势已经形成并巩固发展”的判断后，2018年底召开的中央政治局会议对反腐败斗争形势作出这样的重大判断。

从形成“压倒性态势”到取得“压倒性胜利”，标志着我国反腐斗争成果正从量的积累迈向质的转变。党的十八大以来，以习近平同志为核心的党中央把全面从严治党纳入“四个全面”战略布局，坚持无禁区、全覆盖、零容忍，重拳“打虎”“拍蝇”“猎狐”，掀起了力度、广度、深度空前的反腐败斗争。

党的十八大以来到2019年底，全国共立案审查中管干部414人、厅局级干部1.8万人、县处级干部13.7万人，查处官员级别之高、数量之多数十年罕见……

这是一个政党的刮骨疗毒、自我净化，其背后的道理浅白而深刻——

中国共产党的伟大不在于从不犯错，而是永远直面问题，以极强的自我修复能力克服阵痛、再塑自身。

二

党的作风，就是党的形象。作风关系着党的人心向背，关系着党的生死存亡。

在抗日战争最艰苦的时期，华侨领袖陈嘉庚先后拜会了蒋介石、毛泽东。

在重庆，蒋介石豪掷巨款宴请陈嘉庚，所用极尽铺张。而在延安，陈嘉庚吃到的是毛泽东自己种的豆角、西红柿。

这一餐饭，让陈嘉庚看到了中国共产党与人民水乳交融、同甘共苦的珍贵品格，看到了这个政党艰苦朴素中蕴含的远大志向。

也正是这一餐饭，让陈嘉庚心中笃定：中国的希望在延安！

初心易得，始终难守。

进入新时代，从定下规矩做起，中国共产党抓住作风建设这条主线，一以贯之，步步深入。

2012年12月4日，党的十八大闭幕不到一个月，中共中央政治局召开会议，审议通过了《十八届中央政治局关于改进工作作风、密切联系群众的八项规定》。

八项规定，一个带来深刻变革的词汇。

8年多来，在以习近平同志为核心的党中央坚强领导下，全党上下抓铁有痕、踏石留印，让八项规定精神落地生根，让老百姓看到了实实在在的变化。

遏制“舌尖上的浪费”、刹住“车轮上的腐败”、整治“会所里的歪风”……激浊扬清之风吹遍神州大地，让一系列顽瘴痼疾、歪风邪气无处藏身。

党风政风的变化，也带来了社会风气的向好发展。“天价月饼”“天价烟酒”逐渐销声匿迹；厉行节约、反对浪费正成为社会新风尚；婚事新办、丧事简办正被越来越多的人所接受……

改变还在继续。

“中央八项规定不是五年、十年的规定，而是长期有效的铁规矩、硬杠杠。”

三

重锤可以塑造躯体，理想信念则能重铸灵魂。

600余次战役战斗，跨越近百条江河，攀越40余座高山险峰，其中海拔4000米以上的雪山就有20余座，穿越了被称为“死亡陷阱”的茫茫草地，用顽强意志征服了人类生存极限……

这就是长征，一次理想信念的伟大远征。

二战名将、英国元帅蒙哥马利在《三大洲》一书中称赞长征：“这是本世纪最伟大的军事史诗，是一次体现坚韧不拔精神的惊人业绩。”

艰难困苦，玉汝于成。

百年来，中国共产党在内忧外患中诞生，在苦难挫折中成长，在攻坚克难中壮大，理想信念始终回答着为什么出发、从哪里出发的根本问题。

“对马克思主义的信仰，对社会主义和共产主义的信念，是共产党人的政治灵魂，是共产党人经受住任何考验的精神支柱。”

党的十八大报告中的这句话，是答案，更是宣言。

放弃海外优渥生活，以生命报效祖国的黄大年；一生坚守初心本色，深藏功名60余年的张富清；忘我工作、无私奉献的县委书记廖俊波……

理想信念的坚守，撑起9100多万共产党员的精神脊梁。

黄文秀曾在入党申请书中这样写道：只有把个人的追求融入党的理想之中，理想才会更远大。

天下将兴，其积必有源。

百年的历史充分证明，办好中国的事，关键在党。

自我革命、永不懈怠，这就是中国共产党永葆旺盛活力的奥秘所在。（新华社记者孙少龙）

第三章

坚定不移把反腐败斗争推向纵深

扫一扫，观看

《警示全党　催人奋进——习近平在十九届中央纪委六次全会重要讲话精神引发热烈反响》

坚定执着打好党风廉政建设和反腐败斗争攻坚战持久战

——从十九届中央纪委六次全会看全面从严治党向纵深推进

把握历史规律，强体魄于伟大的自我革命；

掌握历史主动，开新局于伟大的社会革命。

1 月 18 日至 20 日，十九届中央纪委六次全会在京召开。习近平总书记出席会议并发表重要讲话，为坚持不懈把全面从严治党向纵深推进作出战略部署。

牢记初心使命、强化政治监督、保持反腐定力、纠“四风”树新风、完善权力监督制度和执纪执法体系……新的赶考路上，全会对推进新时代党的建设新的伟大工程提出了一系列新举措、新安排、新要求。

牢记初心使命　开创发展新局

百年党史，是一个勇于自我革命的伟大历程——

从 1932 年查处谢步升，瑞金响起惩治腐败“第一枪”，到新中国成立后处决刘青山、张子善的“共和国反腐第一案”，再到新时代以空前力度正风肃纪反腐，推进全面从严治党……正是以从严治党永远在路上的坚定执着，我们党才能始终不变质、不变色、不变味，才能得到广大人民群众衷心拥护。

在这次纪委全会上，习近平总书记深刻总结党历经百年风华正茂的“密钥”：“党外靠发展人民民主、接受人民监督，内靠全面从严治党、推进自我革命，勇于坚持真理、修正错误，勇于刀刃向内、刮骨疗毒，保证了党长盛不衰、不断发展壮大。”

全面从严治党是新时代党的自我革命的伟大实践，开辟了百年大党自我革命的新境界。

以史为鉴、开创未来。20日公布的全会公报明确提出，要“深化运用党的自我革命历史经验，巩固拓展党史学习教育成果”。

中央党校（国家行政学院）教授辛鸣认为，巩固拓展党史学习教育的成果，就要坚守以党的政治建设为统领这一自我革命的根本政治方向，淬炼思想建设这一自我革命的锐利思想武器，锻造敢于善于斗争、勇于自我革命的干部队伍，构建自我净化、自我完善、自我革新、自我提高的制度规范体系，确保我们党永葆马克思主义政党本色，跳出治乱兴衰的历史周期率，成为永远打不倒、压不垮的马克思主义政党。

2022年是党的二十大召开之年、“十四五”时期关键之年。新使命、新征程，呼唤广大党员干部更加坚定自觉牢记初心使命，用好百年宝贵经验，不断开创发展新局。

“不论过去、现在还是将来，党的光荣传统和优良作风都是激励我们不畏艰难、勇往直前的宝贵精神财富。”辛鸣说，只有不断增强全党勇于自我革命的政治自觉、思想自觉、行动自觉，才能保持一往无前的奋斗姿态和永不懈怠的精神状态。

聚焦“国之大者” 强化政治监督

全会公报将政治监督放在2022年纪检监察工作部署首位，指出“聚焦‘国之大者’推动政治监督具体化常态化”。

旗帜鲜明讲政治是共产党人的立身之本，也是我们党作为马克思主义政党的突出特点和优势。

回首过去一年，中央纪委国家监委和各级纪检监察机关始终坚持政治引领，党中央重大决策部署到哪里，监督检查就跟进到哪里。据统计，2021年1月至10月，全国纪检监察机关发现并纠正贯彻落实习近平总书记重要指示批示和党中央重大决策部署不力问题24.7万个。

面对新形势新任务，习近平总书记在全会上指出："要强化政治监督，确保完整、准确、全面贯彻新发展理念。"

"聚焦把握新发展阶段、贯彻新发展理念、构建新发展格局、推动高质量发展等重大战略""聚焦全面深化改革开放、促进共同富裕、推进科技自立自强、防范化解重大风险等重点任务"，全会公报明晰新一年纪检监察机关政治监督重点。

"政治监督不是空泛的、抽象的，而是具体的、实践的，有着明确的目标任务和具体的着力点。"清华大学廉政与治理研究中心主任过勇说，各级纪检监察机关要深刻领悟强化政治监督的战略考量和时代内涵，做实做细政治监督，引导督促党员、干部真正悟透党中央大政方针，胸怀"国之大者"，时时处处向党中央看齐，扎扎实实贯彻党中央决策部署。

保持反腐定力　冲锋号角长鸣

"我们必须清醒认识到，腐败和反腐败较量还在激烈进行，并呈现出一些新的阶段性特征。"习近平总书记用四个"任重道远"，深刻分析反腐败斗争新的阶段性特征："防范形形色色的利益集团成伙作势、'围猎'腐蚀还任重道远，有效应对腐败手段隐形变异、翻新升级还任重道远，彻底铲除腐败滋生土壤、实现海晏河清还任重道远，清理系统性腐败、化解风险隐患还任重道远。"

中国社会科学院中国廉政研究中心秘书长、研究员蒋来用认为，四个"任重道远"的深刻概括，表明以习近平同志为核心的党中央始终保持强烈的忧患意识，始终对腐败这个党执政的最大风险保持高度警惕。

2021年，中央纪委国家监委和各级纪检监察机关坚持"严"字当头，一手以雷霆之势反腐惩恶，一手系统施治管住“绝大多数”，持续深化不敢腐、不能腐、不想腐一体推进，惩治震慑、制度约束、提高觉悟一体发力，取得更大制度性成果和治理成效。

总结好经验好做法，应对新形势新挑战。全会公报提出，要“对在党内搞政治团伙、小圈子、利益集团的人毫不手软”“着力查处资本无序扩张、平台垄断等背后腐败行为”“严格财经纪律，促进防范和化解地方政府隐性债务风险”“坚决查处基础设施建设、公共资源交易等方面腐败问题”“探索实施行贿人‘黑名单’制度”等。

“公报划出了2022年反腐工作的重点，体现了纪检监察机关保持惩治腐败的强大震慑力量常在，以及坚定不移把反腐败斗争推向纵深的趋势特点。”蒋来用说。

近年来，年轻干部违纪违法案例并不少见，一些“80后”甚至“90后”干部没有守住拒腐防变的防线。

此次全会上，谈及年轻干部的教育管理监督，习近平总书记语重心长：“年轻干部一定要有清醒的认识，经常对照党的理论和路线方针政策、对照党章党规党纪、对照初心使命，看清一些事情该不该做、能不能干，守住拒腐防变的防线。”

“年轻干部群体能不能廉洁自律，直接关系到党和国家事业的未来。”蒋来用说，要秉持严管就是厚爱的理念，引导年轻干部对党忠诚老实，坚定理想信念，牢记初心使命，正确对待权力，时刻自重自省，严守纪法规矩，扣好廉洁从政的“第一粒扣子”。

纠“四风”树新风　为民担当造福

形式主义、官僚主义，是党和国家事业发展的大敌。

习近平总书记强调：“要从领导干部特别是主要领导干部抓起，树立正确政绩观，尊重客观实际和群众需求，强化系统思维和科学谋划，多做为民造福的实事好事，杜绝装样子、搞花架子、盲目铺摊子。”

同时，总书记明确要求落实干部考核、工作检查相关制度，科学评价干部政绩，促进干部更好担当作为。

落实习近平总书记重要讲话精神，全会公报提出，要“持续加固中央八项规定堤坝，坚持不懈整治群众身边腐败和不正之风”“密切关注‘四风’苗头性、倾向性、隐蔽性问题”。

锲而不舍纠“四风”，充盈清正廉洁新风。

数据显示，2021年1月至11月，各级纪检监察机关共查处“四风”问题9.1万起，批评教育帮助和处理13.1万人。

教育医疗、养老社保、生态环保、安全生产、食品药品安全等领域，和群众关系密切，其中存在的问题群众深恶痛绝。全会公报鲜明提出，要“查处不尊重规律、不尊重客观实际和群众需求的乱作为问题以及推诿扯皮、玩忽职守、不思进取的不作为问题”。

“能否切实解决人民群众的痛点、堵点、难点，直接关系到作风建设的治理效能。”北京大学廉政建设研究中心副主任庄德水认为，要从讲政治的高度重视这些领域的不正之风，把重大决策部署落实情况作为日常监督的切入口，抓早抓小、防微杜渐，同时通过专项治理，实现纠“四风”与反腐一体推进，利用信息技术、大数据等对这些领域实行全过程、全环节、全场景监督，对不正之风严厉惩治，防止不正之风演变成大的腐败问题。

完善制度体系　深化贯通协同

小智治事，大智治制。做好纪检监察工作，必须用好制度威力。

习近平总书记在重要讲话中强调：“要完善权力监督制度和执纪执法体系，使各项监督更加规范、更加有力、更加有效。”

分析2022年工作重点，全会公报提出，要“健全巡视巡察上下联动格局，实现高质量全覆盖目标任务”“促进纪检监察体制改革系统集成、协同高效，推动制度优势转化为治理效能”。

巡视，是加强党内监督的战略性制度安排，是全面从严治党的有力抓手。2021 年，中央两轮巡视共覆盖 57 个党组织。至此，十九届中央巡视已累计完成对 254 个地方、单位党组织的巡视，巡视全覆盖取得扎实进展。随着全面从严治党不断深入，综合监督作用和系统优势越来越彰显，成为党的领导政治优势在监督领域的充分体现。

“要按照更加规范、有力、有效的目标要求，完善权力监督制度和执纪执法体系。”北京航空航天大学廉洁研究与教育中心主任任建明认为，在深化纪检监察体制改革和司法体制改革过程中，要切实强化权力制约，破解“一把手”监督和同级监督难题，不断完善党和国家监督体系。

制定进一步加强纪律监督、监察监督、派驻监督、巡视监督统筹衔接的意见，与中央和国家机关有关单位在信息沟通、线索移交、措施配合等方面形成制度性成果 40 余项……2021 年，中央纪委国家监委坚持系统集成、协同高效，不断推进各类监督形成合力。

谋篇 2022 年，全会公报提出，“按照党统一领导、全面覆盖、权威高效要求，坚持以党内监督为主导，做实专责监督、贯通各类监督”。

任建明认为，党内监督要发挥统领作用，同时要推动党内监督同其他各类监督贯通协同，推动监督形成合力，完善中国特色社会主义监督制度，让制度优势进一步转化为治理效能。（新华全媒头条）

坚持不懈把全面从严治党向纵深推进

——习近平总书记在十九届中央纪委六次全会上的重要讲话引起热烈反响

习近平总书记在十九届中央纪委六次全会上发表重要讲话，深刻总结新时代党的自我革命的成功实践，强调坚持严的主基调不动摇，坚持不懈把全面从严治党向纵深推进。

各地干部群众表示，要坚持和深化全面从严治党的宝贵经验，以永远在路上的坚定执着，继续打好党风廉政建设和反腐败斗争攻坚战持久战，在新的赶考之路上考出好成绩。

“历史性、开创性成就”：新时代全面从严治党成就催人奋进

“党的十八大以来，全面从严治党取得了历史性、开创性成就，产生了全方位、深层次影响，必须长期坚持、不断前进。”习近平总书记的重要讲话肯定成绩，振奋人心。

“既可以说是‘柳暗花明又一村’，也可以说是‘天翻地覆慨而慷’”，清华大学马克思主义学院副教授冯务中表示，党的十八大以来，党的政治建设、思想建设、组织建设、作风建设、纪律建设、制度建设等得到全面加强，反腐败斗争深入开展，做到了“无禁区”“全覆盖”“零容忍”，“打虎”“拍蝇”“猎狐”成绩显著。

十年磨一剑。党风政风为之一新，社心民心为之一振。

“讲文明，树新风，核心价值要牢记；遵民主，倡廉洁，主持公

道讲正义……”在湖南省长沙县果园镇新明村的廉政文化阵地，当地纪检小组成员罗建良指着挂在墙上的村规民约，细数起十年来抓党风带政风促民风，村里悄然发生的变化。

移风易俗，民德归厚。“以前农村各种名目的酒宴层出不穷，盲目攀比，铺张浪费，老百姓苦不堪言。”罗建良说，近年来，村里将丧事简办、婚事俭办写入村规民约，党员干部带头，村级纪检小组监督，邻里关系清清爽爽，新风正气不断充盈。

党的十八大以来，党中央以前所未有的勇气和定力推进党风廉政建设和反腐败斗争，刹住了一些多年未刹住的歪风邪气，解决了许多长期没有解决的顽瘴痼疾。

“习近平总书记的重要讲话催人奋进，全面从严治党这张实实在在的成绩单顺民意、得民心。”重庆市大渡口区纪委书记、区监委主任李晓珂表示，作为一名基层纪检监察干部，始终保持赶考的清醒，做全面从严治党的坚定践行者。

“六个必须”“九个坚持”：确保党的自我革命经验得到运用和发展

习近平总书记指出，一百年来，党外靠发展人民民主、接受人民监督，内靠全面从严治党、推进自我革命，勇于坚持真理、修正错误，勇于刀刃向内、刮骨疗毒，保证了党长盛不衰、不断发展壮大。

勇于自我革命，是百年大党的长盛之道。

复旦大学马克思主义学院院长李冉表示，习近平总书记立足百年党史，以深邃的历史眼光揭示了中国共产党勇于自我革命、以伟大自我革命引领伟大社会革命的历史逻辑和深刻道理。

“总书记指出，全面从严治党是新时代党的自我革命的伟大实践，开辟了百年大党自我革命的新境界。”李冉表示，党的十八大以来，党根据形势发展和人民期盼不断审视自己，刀刃向内，进行自我净化、自我完善、自我革新、自我提高，丰富了关于党的自我革命的思想成果。

以党的政治建设为统领；把思想建设作为党的基础性建设；落实中央八项规定精神、以严明纪律整饬作风；以雷霆之势反腐惩恶，打好自我革命攻坚战、持久战；增强党组织政治功能和组织力凝聚力；构建自我净化、自我完善、自我革新、自我提高的制度规范体系……

“习近平总书记用‘六个必须’深刻阐释了坚持自我革命和全面从严治党的必然联系和内在机理，对于实现新时代纪检监察工作高质量发展具有重要指导意义。”甘肃省张掖市纪委书记、市监委主任崔锦云表示。

对于建设什么样的长期执政的马克思主义政党、怎样建设长期执政的马克思主义政党，习近平总书记在会上用“九个坚持”作出了进一步阐释。

“‘九个坚持’闪耀着推进自我革命认识论和方法论的科学光辉。”杭州市余杭区纪委书记、区监委代主任唐小辉对“九个坚持”很有体会。他表示，作为基层纪检监察机关工作人员，对基层工作的薄弱环节和反腐败工作的严峻形势要有清醒认识，深刻汲取党的自我革命的经验启示，以更好地应对风险挑战、攻克问题难题。

“永远吹冲锋号”：把全面从严治党向纵深推进

新时代新征程蕴含更加艰巨的挑战，要求锻造更加坚强的领航力量。

广东省茂名市纪委监委第一时间认真组织学习习近平总书记在十九届中央纪委六次全会的重要讲话精神。

“总书记强调要巩固拓展党史学习教育成果，更加坚定自觉地牢记初心使命、开创发展新局。”茂名市纪委书记、市监委主任李长林说，要以学习贯彻党的十九届六中全会精神和十九届中央纪委六次全会精神为重点，坚持不懈强化理论武装，严明党的政治纪律和政治规矩，严肃党内政治生活，引导全市党员干部深刻认识“两个确立”的决定性意义，把做到“两个维护”体现到实际行动上。

“树立正确政绩观”“多做为民造福的实事好事”……习近平总书记的重要讲话让江西省上饶市广信区纪委书记、区监委主任徐俊感触很深。

“人民群众是党的执政根基，群众期盼就是正风肃纪反腐的发力点，保障群众的利益就是一切工作的立脚点。”徐俊说，作为基层纪委书记，要坚决践行人民情怀，发挥扎根基层、贴近群众的优势，加强对党中央惠民利民、安民富民各项政策落实情况的监督。

辽宁省抚顺市纪委书记、市监委主任张智明对总书记强调的“强化政治监督，确保完整、准确、全面贯彻新发展理念”印象深刻。他表示，我们将继续聚焦政府诚信、权力运用等方面存在的深层次问题精准发力，以强有力的政治监督为贯彻新发展理念保驾护航，把全面从严治党向纵深推进，以优异成绩迎接党的二十大胜利召开。（新华社记者黄玥、董博婷、张研、齐琪、王君璐、刘良恒、周闻韬、吴振东、王博、李平、李雄鹰、赖星、李铮）

新华社北京 1 月 19 日电

反腐败法规制度强大能量这样汇聚

保持反对和惩治腐败的强大力量常在，坚定不移把反腐败斗争推向纵深。完善权力监督制度和执纪执法体系，使各项监督更加规范、更加有力、更加有效。

对反腐败法规制度进行体系化集成，是完善权力监督制度和执纪执法体系的必然要求，对继续打好党风廉政建设和反腐败斗争攻坚战持久战具有重要意义。

“不敢腐、不能腐、不想腐”一体推进，凝结着对腐败发生机理、管党治党规律和当前形势任务的深刻洞察，要让“三不”一体推进融入全面从严治党各项工作，做到同向发力、同时发力，充分发挥反腐败法规制度体系标本兼治的综合效应。

文 | 吴建雄

习近平总书记在十九届中央纪委六次全会上强调，要完善权力监督制度和执纪执法体系，使各项监督更加规范、更加有力、更加有效。这再次彰显出反腐败法规制度建设的必要性和重要性，对继续打好党风廉政建设和反腐败斗争攻坚战持久战具有重要意义。

法规制度带有根本性、全局性、稳定性、长期性。近年来，中央纪委国家监委自觉践行习近平法治思想，运用法治思维法治方式正风肃纪反腐，在党中央领导下出台了一批规范纪检监察工作的党内法规和规范性文件。

随着《监察法》及其实施条例、《公职人员政务处分法》和《监察官法》《纪律检查委员会工作条例》等法律法规的施行，以及《刑法》《刑事诉讼法》等法律的修改，我国反腐败法规制度建设进入系统集成新阶段，有利于促进党和国家监督制度、反腐败工作体制机制更加成熟更加定型，使一体推进不敢腐、不能腐、不想腐取得更多制度性成果和更大治理成效。

反腐败法规制度建设系统集成

加强反腐败国家立法，推进反腐败工作规范化法治化，是全面从严治党和全面依法治国的必然要求。作为我国第一部反腐败国家立法，2018 年 3 月施行的《中华人民共和国监察法》（以下简称《监察法》），确立了中国特色社会主义监察制度基本框架，为推进依规治党与依法治国、党内监督与国家监察有机统一，持续深化国家监察体制改革，构建集中统一、权威高效国家监察体系奠定了坚实基础。

监察法律法规与刑事法律法规有机衔接，是推进反腐败工作规范化法治化的应有之义。2018 年 10 月，新修正的刑事诉讼法正式施行，填补了刑事司法协助国际合作的法律空白。刑事诉讼法律校准《宪法修正案》和《监察法》的相关规定进行修改，使惩治腐败的刑事法律制度得以完善，实现了反腐败监察与司法的法法衔接和有机贯通，标志着国家监察体制改革和反腐败斗争站上新起点。

统一规范公职人员政务处分的标准和尺度，对增强监察全覆盖和反腐败法治效能意义重大。2020 年 7 月施行的《公职人员政务处分法》与《监察法》中关于公职人员政务处分的规定相配套，总结了新中国成立以来对违纪违规的公职人员给予行政处分、纪律处分的经验，吸收了监察体制改革中实施政务处分的实践成果，全面系统规范了公职人员惩戒和处分制度，将监察全覆盖的要求具体化，使政务处分匹配党纪处分，衔接刑事处罚，构筑起惩治职务违法的严密法网。

对《监察法》颁布实施以来的监察制度进行系统梳理、体系化集成，以系统集成促进协同高效，更能助力反腐败工作。2021 年 9 月施行的《监察法》实施条例，严格遵循和贯彻《宪法》《监察法》，体例上与《监察法》各章逐一对应，对监察制度进行科学化体系化集成，同时把实践中的好经验好做法上升为法规规定，进一步明确监察监督的途径、职务违法调查的范围和标准、监察处置的具体程序等，提高监督执法工作的精准性、实效性。同时，较好地解决了《监察法》实施中出现的部分监察对象的界定不够明确、监察执法与刑事司法的衔接机制不够顺畅、职务违法犯罪证据规定需要进一步健全等问题，满足反腐败斗争和监察实践的迫切需要。

建设高素质专业化监察官队伍，是实现反腐败工作规范化法治化的关键所在。2022 年 1 月起施行的监察官法，强化对履职全过程的监督，防止“灯下黑”，提高自身免疫力，促进新时代纪检监察工作高质量发展。

一系列与纪检监察工作相关的法律法规的实施，让反腐败法规制度建设系统集成稳步推进，正在以制度建设固化改革成果，逐步形成内容科学、程序严密、配套完备、运行有效的反腐败法规制度体系。

将制度优势转化为反腐败治理效能

反腐败法规制度建设系统集成，既填补既往制度空白，又在现有制度框架内打通制度堵点，促进制度建设和治理效能更好转化融合。

一是，党的集中统一领导具体化、法治化。通过反腐败法规制度的实施，把坚持和加强党的集中统一领导这一根本政治原则和指导思想，落实到反腐败工作领导体制、工作机制和管理监督等具体实践中。

二是，监察全覆盖及监察机关职责权限进一步规范。在反腐败法规中，进一步细化国家监察全面覆盖的相关规定，明晰监察职责边界和措施使用规范，有助于增强监察机关依法履职的实效性和规范性，释放反腐败治理效能。

在监察全覆盖方面，通过廓清公职人员外延，明确监察全覆盖的对象范围，对《监察法》确定的六类监察对象逐项进行细化，进一步解决实践中有的监察对象界定存在争议的问题；通过完善监察管辖制度，明确监察机关开展监督、调查、处置的管理权限与属地管辖相结合，且与其他机关“互涉案件”由监察机关“为主调查”的内涵，实现对职务违法犯罪调查的全覆盖；通过健全派驻管辖制度，明确推动监察向各类组织和基层延伸，极大提升了监察全覆盖的有效性。

在规范职责和权限方面，完善监察监督的内容、渠道和方式，明确监察机关调查范围，健全监察措施使用制度规范。

三是，监察程序同步完善。严格依照法定程序开展执法工作，是现代法治的基本原则。围绕规范监察权运行构建监察程序，监察法实施条例将《监察法》规定的监察程序分解为线索处置、初步核实、立案、调查、审理、处置、移送审查起诉七个具体环节，从完善调查期限制度、强化审理把关职责、完善监察处置工作程序、有效衔接刑事诉讼程序等方面加以细化，形成执纪执法贯通、有效衔接司法，权责清晰、流程规范、制约有效的程序体系，解决了实践中一些程序不具体不细致的问题。

比如，规定对被调查人没有采取留置措施的案件，应当在立案一年以内作出处理决定；对被调查人解除留置措施的，应当在解除留置措施后一年以内作出处理决定，从而细化了办案时限要求，防止调查工作久拖不决。

四是，监察权及其行使者接受最严格的监督。加强对纪检监察机关及其工作人员的监督，严格监督约束执纪执法权，坚决防止“灯下黑”，是《监察法》和其他纪检监察法规的基本要求。

反腐败法规在创制中充分吸收既有制度成果，将实践中行之有效的做法上升为法律法规，加强了对纪检监察机关及有关人员的监督，构建起系统化全方位的监督机制。

保持反对和惩治腐败的强大力量常在

十九届中央纪委六次全会公报指出：保持反对和惩治腐败的强大力量常在，坚定不移把反腐败斗争推向纵深。这充分体现了我们党主动应对反腐败斗争新形势新挑战的信心和决心。

保持反对和惩治腐败的强大力量常在，就要坚持系统施治、标本兼治。这既是对加强反腐败法规制度系统集成、协同高效提出的更高要求，也是推动制度优势转化为治理效能的方向指引。

一是，把握系统施治、标本兼治的深意。从近年来查处的腐败案件看，政治问题和经济问题交织的有之，威胁党和国家政治安全；传统腐败和新型腐败交织的有之，贪腐行为更加隐蔽复杂；腐败问题和不正之风交织的有之，“四风”成为腐败滋长的温床。

面对依然严峻复杂的反腐败斗争形势，我们必须坚持系统施治、标本兼治，把严的主基调长期坚持下去。加强前瞻性思考、全局性谋划、战略性布局、整体性推进，放大正风肃纪反腐的立体叠加效应，巩固、拓展和深化来之不易的胜利果实，做到站位全局、着眼根本、综合施策，把系统集成的制度优势转化为反腐败治理效能。

二是，坚持以法治思维和方式正风反腐。发挥反腐败法规制度的集成优势，推进反腐败工作规范化法治化，必须通过强化法治思维来实现。

其一，自觉维护法律权威。反腐败工作应严格遵照《宪法》和法律，坚持依法办事，做到法律面前人人平等。

其二，做好权力监督制约。反腐败工作规范化法治化，必然要求强化对公权力的监督制约，督促公权力部门或组织合理分解权力、科学配置权力、严格职责权限，加快推进机构、职能、权限、程序、责任法定化。

其三，树立精准执法思维。监察机关严格依法依规履行职责、行使职权，严格按照法规权限和程序进行监督调查处置，加强监察与司法、执法部门的沟通协作，促进监察执法与刑事司法间的衔接配合，提高精准性和实效性。

其四，注重保障公民权利。治理腐败的观念、模式、制度，必须坚持以人民为中心，切实维护群众切身利益，在保障公民的知情权和监督权的基础上，推进和保障权力监督。

三是，贯彻“三不”一体推进的反腐败斗争基本方针。作为反腐败斗争的基本方针和新时代全面从严治党的重要方略，以及反腐败法规制度体系惩戒、防范和教化功能释放的有效途径，“不敢腐、不能腐、不想腐”一体推进，凝结着对腐败发生机理、管党治党规律和当前形势任务的深刻洞察，可看作标本兼治的重要方法和系统施治的具体体现。

未来，我们要继续坚持“三不”一体推进，一方面要深刻把握三者的思想内涵，深化运用“四种形态”，引导党员干部因敬畏而“不敢”，因制度而“不能”，因觉悟而“不想”，将惩治震慑、制度约束、提高觉悟结合起来；另一方面要全力打通三者的内在联系，通过改革加强“三不”一体推进的体制机制建设，探索“三不”一体推进贯通融合的实践载体，让“三不”一体推进融入全面从严治党各项工作，做到同向发力、同时发力，充分发挥反腐败法规制度体系标本兼治的综合效应。

四是，推动各项监督有机贯通、相互协同。反腐败工作规范化法治化，是一项艰巨复杂的系统工程，涉及多方面、多要素，不同工作之间往往相互交织，必须科学谋划、统筹安排，在互联互通中乘势借力、在整合力量中推进实施，才能把中国特色社会主义所具有的制度优势充分发挥出来，转化为推进国家治理体系和治理能力现代化的整体效能。

在监督工作中，我们要推动纪律监督、监察监督、派驻监督、巡视监督统筹衔接，以党内监督为主导，推动人大监督、民主监督、行政监督、司法监督、群众监督、舆论监督等各项监督贯通协同，探索深化贯通协同的有效路径，使各项监督更加规范、更加有力、更加有效。（作者为中国反腐败司法研究中心主任，湘潭大学教授、博士生导师）

习近平这些话有深意

【学习进行时】习近平总书记在十九届中央纪委六次全会上强调，坚持不懈把全面从严治党向纵深推进。从 2013 年到 2022 年，习近平连续 10 年在年初的中央纪委全会上发表重要讲话。在历次讲话中，习近平说了很多金句，彰显了党中央全面从严治党的坚强决心。

坚持“老虎”、“苍蝇”一起打

“坚持‘老虎’、‘苍蝇’一起打。”2013 年，习近平总书记在十八届中央纪委二次全会上首次提出这句深入人心的反腐经典话语。他以“老虎”“苍蝇”为喻，形象生动地诠释了党中央举起反腐利剑的坚强决心。

“老虎”必须打，不论什么人，不论其职务多高，只要触犯了党纪国法，都要受到严肃追究和严厉惩处；“苍蝇”必须拍，发生在群众身边的腐败问题也不能放过，必须严厉整治。“坚持‘老虎’、‘苍蝇’一起打”凸显了党纪国法面前没有例外，不管涉及谁，都要一查到底，决不姑息。

党的十八大以来，截至 2021 年 10 月，全国纪检监察机关共立案 407.8 万件、437.9 万人，其中立案审查调查中管干部 484 人，共给予党纪政务处分 399.8 万人。

正如 2018 年习近平在十九届中央纪委二次全会上所言，“老虎”

要露头就打，“苍蝇”乱飞也要拍。这绝不是一句空话。

把权力关进制度的“笼子”里

2013年，习近平在十八届中央纪委二次全会上指出，要加强对权力运行的制约和监督，把权力关进制度的“笼子”里，形成不敢腐的惩戒机制、不能腐的防范机制、不易腐的保障机制。

把权力关进制度的“笼子”里，就是要依法设定权力、规范权力、制约权力、监督权力。不能把党的领导作为个人以言代法、以权压法、徇私枉法的挡箭牌。

给权力扎“笼子”，关键是要扎紧扎密。党的十八大以来，我们党出台了改进工作作风、密切联系群众的八项规定，先后制定或修订《关于新形势下党内政治生活的若干准则》《中国共产党党内监督条例》《中国共产党廉洁自律准则》《中国共产党纪律处分条例》等一系列党内法规。制度的“笼子”越扎越紧、越扎越密，而且加固上锁。

使纪律真正成为带电的高压线

2014年，习近平在十八届中央纪委三次全会上指出，要切实执行组织纪律，不能搞特殊、有例外，各级党组织要敢抓敢管，使纪律真正成为带电的高压线。

我们党是靠革命理想和铁的纪律组织起来的马克思主义政党，纪律严明是党的光荣传统和独特优势。

9500多万党员的大党如果没有纪律约束，将是“一盘散沙”。习近平指出，党要管党、从严治党首先要严明纪律，纪律不能成为“稻草人”，不能成为聋子的耳朵——摆设。

纪律的生命力在于执行。高压线不仅要立起来，还要通电。我们要下大气力建制度、立规矩，更要严字当头，敢抓敢管，切实对违规违纪行为“零容忍”。

打铁还需自身硬

2012 年 11 月，习近平等十八届中共中央政治局常委同中外记者见面，首次提出“打铁还需自身硬”。“‘打铁还需自身硬’是我们党的庄严承诺”，习近平在十八届中央纪委六次全会上语重心长地说。

一名好铁匠要想打出精巧耐用的好铁器，要有过硬的身体素质、过硬的精神状态和过硬的技艺水平。习近平借用“打铁还需自身硬”这句通俗易懂的话，阐明我们党刀刃向内，勇于自我革命的信心和决心。

打铁还需自身硬，百炼才能出精钢。

党的十八大以来，我们党不断筑牢理想信念之基，补足精神之“钙”；始终坚持制度管党治党，扎紧织密制度的“笼子”；始终保持反腐高压态势，铲除寄生在党的肌体上的毒瘤……把我们的党锻造得更加有力。

坚持反腐败无禁区、全覆盖、零容忍

2017 年，习近平在十八届中央纪委七次全会上指出，坚持反腐败无禁区、全覆盖、零容忍。寥寥数语，铿锵有力。这句话被写入党的十九大报告。

腐败是社会毒瘤，是我们党面临的最大威胁。人民群众最痛恨腐败现象。如果任凭腐败问题愈演愈烈，最终必然亡党亡国。习近平在十八届中央纪委五次全会上指出：“不得罪成百上千的腐败分子，就要得罪十三亿人民。这是一笔再明白不过的政治账、人心向背的账！”

反腐败斗争是一项长期的、复杂的、艰巨的任务，不能有差不多、松口气、歇歇脚的想法，必须坚持重遏制、强高压、长震慑，让腐败分子无处藏身，让不敢腐、不能腐和不想腐成为全党的自觉行动。

经常打扫庭院，清除害群之马

2019 年，十九届中央纪委三次全会上，习近平对纪检监察机关提出希望：“经常打扫庭院，清除害群之马，建设忠诚干净担当的纪检监察铁军。”

纪检监察机关作为党和国家监督专责机关，肩负着党和人民重托。“善禁者，先禁其身而后人。”执纪执法者若违纪犯法，犹如监守自盗，危害更加严重，影响也更加恶劣。

纪检监察队伍必须以更高的标准、更严的纪律要求自己，锤炼过硬的思想作风、能力素质，以党性立身做事，刚正不阿、秉公执纪、谨慎用权，不断提高自身免疫力，主动接受党内和社会各方面的监督，始终做党和人民的忠诚卫士。

一体推进不敢腐、不能腐、不想腐

2020 年，习近平在十九届中央纪委四次全会上指出，要深刻把握党风廉政建设规律，一体推进不敢腐、不能腐、不想腐。“不敢腐、不能腐、不想腐”是相互依存、相互促进的有机整体，必须统筹联动。

如何让领导干部做到“不敢腐、不能腐、不想腐”？习近平强调，要以严格的执纪执法增强制度刚性，推动形成不断完备的制度体系、严格有效的监督体系，加强理想信念教育，提高党性觉悟，夯实不忘初心、牢记使命的思想根基。

外靠制度监督，内靠理想信念，让领导干部真正做到“不敢腐、不能腐、不想腐”。

坚决打击黑恶势力及“保护伞”

2021 年，习近平在十九届中央纪委五次全会上强调，坚决打击黑恶势力及“保护伞”，决不让其再祸害百姓。

黑恶势力无视法纪、有恃无恐、无恶不作，一个重要原因是背后的“保护伞”助长了黑恶势力的嚣张气焰，啃噬着群众的获得感，更侵蚀着党的执政根基。

打蛇打七寸，挖树先挖根。扫黑除恶必须深挖彻查黑恶势力“保护伞”，让黑恶势力无“伞”可遮、无处可藏。要继续推进扫黑除恶专项斗争，紧盯涉黑涉恶重大案件、黑恶势力经济基础、背后“关系网”“保护伞”不放，在打防并举、标本兼治上下功夫。

党风廉政建设和反腐败斗争永远在路上

2015 年，在十八届中央纪委五次全会上，习近平强调，党风廉政建设和反腐败斗争永远在路上。2022 年，在十九届中央纪委六次全会上，习近平再次指出，以永远在路上的坚定执着，继续打好党风廉政建设和反腐败斗争攻坚战持久战。

党风廉政建设和反腐败斗争是一场输不起也决不能输的斗争。党的十八大以来，我们党从关系党和国家生死存亡的高度，推进党风廉政建设和反腐败斗争，取得的成效有目共睹。

但我们必须清醒认识到，腐败和反腐败较量还在激烈进行，并呈现出一些新的阶段性特征，防范形形色色的利益集团成伙作势、“围猎”腐蚀还任重道远，有效应对腐败手段隐形变异、翻新升级还任重道远，彻底铲除腐败滋生土壤、实现海晏河清还任重道远，清理系统性腐败、化解风险隐患还任重道远。

因此，我们要保持清醒头脑，牢记反腐败斗争永远在路上。

以伟大自我革命引领伟大社会革命

习近平在今年召开的十九届中央纪委六次全会上提出“九个坚持”，“以伟大自我革命引领伟大社会革命，坚持不懈把全面从严治党向纵深推进”，并用“六个必须”阐述了全面从严治党与自我革命之间的关系。

勇于自我革命是我们党区别于其他政党的显著标志。习近平在党的十九届六中全会上曾指出，我们党历史这么长、规模这么大、执政这么久，如何跳出治乱兴衰的历史周期率？毛泽东同志在延安的窑洞里给出了第一个答案，这就是“只有让人民来监督政府，政府才不敢松懈”。经过百年奋斗特别是党的十八大以来新的实践，我们党又给出了第二个答案，这就是自我革命。“全面从严治党是新时代党的自我革命的伟大实践，开辟了百年大党自我革命的新境界。”

“以伟大自我革命引领伟大社会革命”，正是习近平在历次中央纪委全会上讲话的深意所在。（新华网记者潘子荻）

办好中国事情的关键

把党建设成为始终走在时代前列、人民衷心拥护、勇于自我革命、经得起各种风浪考验、朝气蓬勃的马克思主义执政党。

摒弃厌倦情绪和松口气、歇歇脚的想法，坚持严的主基调，突出抓住“关键少数”。

党的十九届六中全会通过的《中共中央关于党的百年奋斗重大成就和历史经验的决议》强调：“办好中国的事情，关键在党，关键在党要管党、全面从严治党。”这是我们党百年奋斗的宝贵历史经验，也是我们走好新征程、实现中华民族伟大复兴的制胜法宝。

回望百年，一个历史结论深深镌刻在中国人民心间。从被奴役、被欺压到以更加自信的心态平视这个世界，从面临亡国灭种的危险到以昂扬的姿态屹立在世界的东方、迎来复兴的光明前景，一百年来，中国人民和中华民族之所以能够扭转近代以后的历史命运，取得今天的伟大成就，最根本的是有中国共产党的坚强领导。历史和现实都证明，没有中国共产党，就没有新中国，就没有中华民族伟大复兴。

党的十八大以来，以习近平同志为核心的党中央坚持和加强党的全面领导，坚持党要管党、全面从严治党，不断推进党的建设新的伟大工程，使党在革命性锻造中更加坚强，党的政治领导力、思想引领力、群众组织力、社会号召力显著增强，引领党和国家事业取得历史性成就、发生历史性变革，为坚持和发展中国特色社会主义、实现中华民族伟大复兴提供了坚强政治保证。

历史昭示未来。踏上新征程，改革发展稳定任务之重、矛盾风险挑战之多、治国理政考验之大、世界百年未有之大变局深刻变化都前所未有，带领中国人民继续走好新的赶考路、实现中华民族伟大复兴梦想，关键还是靠我们党自己。

走好新征程，必须坚持党的全面领导不动摇。党的领导是党和国家的根本所在、命脉所在，是全国各族人民的利益所系、命运所系。治理好我们这个世界上最大的政党和人口最多的国家，必须坚持党的全面领导特别是党中央集中统一领导，坚持民主集中制，确保党始终总揽全局、协调各方。

事在四方，要在中央。坚持党的全面领导，最根本的是要坚决维护习近平总书记党中央的核心、全党的核心地位，坚决维护党中央权威和集中统一领导。要深刻领悟“两个确立”的决定性意义，增强“四个意识”、坚定“四个自信”、做到“两个维护”，充分发挥党的领导政治优势，把党的领导落实到党和国家事业各领域各方面各环节，统一思想、统一意志、统一行动，确保全党全军全国各族人民团结一致向前进。

走好新征程，必须继续推进党的建设新的伟大工程。中国共产党是领导我们事业的核心力量。事业要发展，领导力量必须更加坚强有力。面对新的时代考卷，要把党建设成为始终走在时代前列、人民衷心拥护、勇于自我革命、经得起各种风浪考验、朝气蓬勃的马克思主义执政党。以政治建设为统领，用习近平新时代中国特色社会主义思想这一当代中国马克思主义、21 世纪马克思主义武装全党，全面推进党的政治建设、思想建设、组织建设、作风建设、纪律建设，把制度建设贯穿其中，不断提高党把方向、谋大局、定政策、促改革的能力。

走好新征程，必须以自我革命精神深入推进全面从严治党。打铁必须自身硬。先进的马克思主义政党不是天生的，而是在不断自我革命中淬炼而成的。踏上新征程，必须永葆自我革命精神，以永远在路上的清醒和坚定，摒弃厌倦情绪和松口气、歇歇脚的想法，坚持严的主基调，突出抓住“关键少数”，抓铁有痕、踏石留印，继续打好党风廉政建设和反腐败斗争这场攻坚战、持久战。

我们坚信，只要我们不断清除一切损害党的先进性和纯洁性的因素，不断清除一切侵蚀党的健康肌体的病毒，就一定能够确保党不变质、不变色、不变味，确保党在新时代坚持和发展中国特色社会主义的历史进程中始终成为坚强领导核心，建成社会主义现代化强国、实现中华民族伟大复兴的宏伟目标，也一定能够在党的坚强领导下变成现实。（晏国政）

为了海晏河清、朗朗乾坤

——习近平领导党风廉政建设和反腐败斗争的故事

“总书记，您好！您是腐败分子的克星，全国人民的福星！”

2014 年 12 月 13 日，习近平总书记在江苏镇江市丹徒区世业镇永茂圩村考察时，74 岁的老人崔荣海挤到人群前面，紧紧握着总书记的手。这位有着 50 多年党龄的老党员，难掩内心激动说出了这么一番话。

“通过不懈努力换来海晏河清、朗朗乾坤。”

党的十八大以来，以习近平同志为核心的党中央以明知山有虎、偏向虎山行的勇毅决绝，掀起力度、广度、深度空前的党风廉政建设和反腐败斗争，以全面从严治党激荡清风正气、凝聚党心民心，为全面建成小康社会提供坚强保障。

八项规定改变中国

2020 年中秋节前两天，福建省厦门市集美区灌口镇政府干部高东升早早就到老字号“黄则和”预订了两盒月饼，这是他这几年来养成的习惯。

“月饼还是自己买的好，好吃不浪费，更重要的是中秋有更多的时间陪家人。”高东升咧嘴笑着说。

细微之处，可见风气之变。

曾几何时，粽子、月饼、大闸蟹等老百姓庆祝佳节的应景美味，因依附于公款消费上的利益链条被“天价”异化，如今早已回归正常的市场价格，找回应有的文化底蕴。

“八项规定”——很少有这么一个政治语汇，能够如此深刻改变中国。

2012 年 12 月 4 日，习近平总书记主持中央政治局会议，审议通过中央政治局关于改进工作作风、密切联系群众的八项规定。

在这次会议上，习近平总书记带头作出承诺、发起号召：

“党风廉政建设，要从领导干部做起，领导干部首先要从中央领导做起。正所谓己不正，焉能正人。”

以此为切入口和动员令，一场激浊扬清的风气之变在神州大地涤荡开来。

2012 年 12 月 30 日晚，新华社“新华视点”微博发布了一份特殊的“菜单”。

“4 个热菜：红烧鸡块、阜平炖菜、五花肉炒蒜薹、拍蒜茼蒿；一个猪肉丸子冬瓜汤；主食水饺、花卷、米饭和杂粮粥。特别交代不上酒水。”

这是习近平总书记在河北阜平考察期间，一行人在所住宾馆的晚餐菜单。

一份菜单里看变化。

党的十八大以来，习近平总书记始终以身作则、以上率下，带头严格执行中央八项规定，以行动作无声的号令、以身教作执行的榜样，为全党改进作风提供了强大动力。

从抓公款购买月饼，到抓公款寄送贺卡，从制止“舌尖上的浪费”到纠治“车轮上的铺张”再到整治“会所里的歪风”……各级纪检监察机关坚决贯彻党中央决策部署，锲而不舍推动中央八项规定精神落实，驰而不息正风肃纪，刹住了一些过去被认为不可能刹住的歪风邪气，解决了一些长期想解决而没能解决的顽瘴痼疾。

2017 年 10 月 27 日，党的十九大闭幕第三天，习近平总书记主持召开十九届中央政治局第一次会议，审议通过了《中共中央政治局贯彻落实中央八项规定实施细则》。

从八项规定到八项规定实施细则，研究同样的内容并进一步深化细化，释放出一以贯之将作风建设进行到底的鲜明信号。

不必再迎来送往，不必再请客送礼，不必再陪吃陪喝……八项规定不仅是党员干部的“紧箍咒”，也是“护身符”。

“婚事新办、丧事简办”“管够不浪费”“吃好不奢侈”……党风政风引领社风民风，人民群众成为作风建设的参与者和受益者。

“得罪千百人，不负十三亿”

二审维持死刑判决！

2021 年 1 月 21 日，天津市高级人民法院对中国华融资产管理股份有限公司原党委书记、董事长赖小民受贿、贪污、重婚案二审公开宣判，维持一审死刑判决。

依法惩处“金融巨贪”，再次展现出以习近平同志为核心的党中央坚定不移惩治腐败的决心意志。

以什么样的态度对待腐败、以什么样的行动破除腐败，决定着一个政党、一个政权的成败兴衰。

时间回到 8 年多前，2012 年 11 月 15 日，人民大会堂东大厅。

十八届中央政治局常委首次亮相，面对 500 多名中外记者，习近平总书记的话语深沉冷静——

“新形势下，我们党面临着许多严峻挑战，党内存在着许多亟待解决的问题。尤其是一些党员干部中发生的贪污腐败、脱离群众、形式主义、官僚主义等问题，必须下大气力解决。全党必须警醒起来。打铁还需自身硬。”

“打铁还需自身硬。”形象生动的话语，字字千钧。

2 个月之后，在十八届中央纪委二次全会上，习近平总书记道出了新时代反腐败斗争的铿锵誓言——“坚持‘老虎’、‘苍蝇’一起打”！

言出必行！中国共产党历史上力度空前的反腐败斗争拉开序幕。

坚持无禁区、全覆盖、零容忍，上至周永康、薄熙来、郭伯雄、徐才厚、孙政才、令计划等“大老虎”，下到群众身边的“蝇贪鼠害”，谁也没有免罪的“丹书铁券”，谁也不是“铁帽子王”。

这是震撼世人的果敢决绝：从党的十八大到党的十九大 5 年间，经党中央批准立案审查的省军级以上党员干部及其他中管干部 440 人。全国纪检监察机关立案 154.5 万件，处分 153.7 万人，其中厅局级干部 8900 余人，县处级干部 6.3 万人，涉嫌犯罪被移送司法机关处理 5.8 万人。

“人民把权力交给我们，我们就必须以身许党许国、报党报国，该做的事就要做，该得罪的人就得得罪”“不得罪成百上千的腐败分子，就要得罪 13 亿人民”——在这场没有硝烟的斗争中，习近平总书记展现出旗帜鲜明的坚定立场，勇毅决绝的意志品质，推动反腐败斗争夺取压倒性胜利。

这是有目共睹的震慑效应：党的十九大以来至 2018 年底，全国共有 2.7 万名党员干部主动交代了违纪违法问题，5000 余名党员干部主动投案；2019 年，全国有 10357 人主动投案，其中中管干部 5 人、省管干部 119 人；2020 年，全国有 1.6 万人主动投案，6.6 万人主动交代问题。

“民心是最大的政治，正义是最强的力量。”反腐败斗争消除了党和国家的重大政治隐患，赢得了人民群众的信任和信赖，增强了党自我净化、自我完善、自我革新、自我提高能力，为推进伟大事业提供了坚强政治保证。

“让群众更多感受到反腐倡廉的实际成果”

“没想到被贪污的钱还能回到我们手上！”拿着交还到手里的林

补钱，四川省达州市渠县金马村村民邓小刚感慨地说。

2020 年 8 月，县纪委监委的工作人员将金马村原村委会主任侵占的 7000 元公益林补偿资金清退给 35 户村民。

金额不大却危害不小，“微腐败”也可成为“大祸害”，对此，习近平总书记有着深刻的认识：“相对于‘远在天边’的‘老虎’，群众对‘近在眼前’嗡嗡乱飞的‘蝇贪’感受更为真切。”

“凡是群众反映强烈的问题都要严肃认真对待，凡是损害群众利益的行为都要坚决纠正。”习近平总书记如是强调。

党的十八大以来，随着脱贫攻坚战的打响，另一场脱贫攻坚的“护航战”也同时打响。

2015 年 11 月，《中共中央　国务院关于打赢脱贫攻坚战的决定》印发。

2016 年 1 月，在十八届中央纪委六次全会上，习近平总书记着重提出了“推动全面从严治党向基层延伸”的要求，明确强调“对基层贪腐以及执法不公等问题，要认真纠正和严肃查处，维护群众切身利益，让群众更多感受到反腐倡廉的实际成果。”

落实习近平总书记要求，这次中央纪委全会立即对扶贫领域监督执纪问责工作作出专门部署，强调要以严明的纪律为打赢脱贫攻坚战提供保障。

2017 年底，中央纪委部署在 2018 年至 2020 年开展为期三年的扶贫领域腐败和作风问题专项治理。

雁过拔毛、截留私吞、吃拿卡要、优亲厚友……一个个扶贫领域的腐败和作风问题在强大的监督执纪问责力度下被坚决查处。

2017 年，全国查处扶贫领域腐败和作风问题 4.87 万件；2018 年，查处扶贫领域腐败和作风问题 13.1 万件；2019 年，查处扶贫领域腐败和作风问题 8.5 万件；2020 年，查处扶贫领域腐败和作风问题 6.5 万件……始终保持高位的数据背后，是纪检监察机关雷厉风行的执纪力度。

从教育医疗到就业创业，从养老社保到环境保护，人民群众关心的痛点在哪儿，正风反腐的焦点就在哪儿。

2020 年 2 月 20 日，改头换面逍遥法外多年后，孙小果在云南昆明被执行死刑，而他背后的“保护伞”，也在扫黑除恶的强大攻势下覆灭，让很多人拍手称快。

扫黑除恶，这是增强人民群众安全感的重要举措。

2018 年 1 月，习近平总书记在中央纪委全会上发表重要讲话，明确提出：“要把扫黑除恶同反腐败结合起来，既抓涉黑组织，也抓后面的‘保护伞’。”

同月，中共中央、国务院发出《关于开展扫黑除恶专项斗争的通知》，开启了扫黑除恶专项斗争的序幕。

湖南新晃“操场埋尸案”、黑龙江呼兰“四大家族”涉黑案、海南昌江黄鸿发家族涉黑案……三年来，全国共立案查处涉黑涉恶腐败和“保护伞”案件 89742 件，立案处理 115913 人，党纪政务处分 80649 人，移送司法机关 10342 人。

坚决打掉放纵包庇黑恶势力的“保护伞”，坚决铲除妨碍惠民政策落实的“绊脚石”，人民群众真切感受到正风反腐就在身边。

（新华社第一工作室）

延伸阅读

2021 反腐记

2021 年，中国共产党迎来百年华诞，“十四五”开局起步。

这一年，踏上新的“赶考”之路，中国共产党以永远在路上的清醒与坚定，推进全面从严治党向纵深发展，态度不变、决心不减、尺度不松，正风肃纪反腐一刻不停。

这一年，“打虎”“拍蝇”不停歇。

2021 年元旦刚过，骆家駹等四“虎”被开。一年当中，20 多名中管干部接受审查调查。

这一年，“老虎”“苍蝇”一起打，不敢腐、不能腐、不想腐一体推进。

2021 年 1 月至 11 月，全国查处民生领域腐败和作风问题 11 万余个，批评教育帮助和处理 16 万余人，其中给予党纪政务处分 10 万余人。

这一年，重点领域关键环节反腐败深入推进。

2021 年 1 月，赖小民伏法。金融领域一批“蛀虫”被查处。

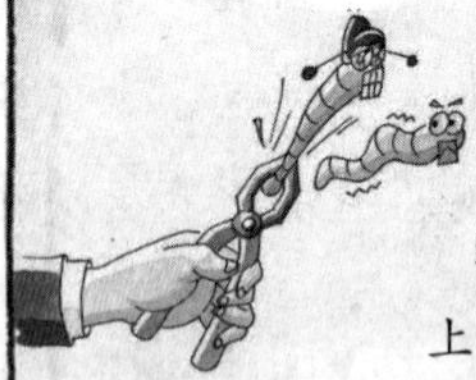

这一年，政法系统清除害群之马。仅上半年就有 90 余名厅局级及以上领导干部被查处。

这一年，粮食购销领域除“硕鼠”。中央纪委国家监委在全国范围内部署开展粮食购销领域腐败问题专项整治工作，各级纪检监察机关铲除了一批“粮耗子”。

这一年，“受贿行贿一起查”成为反腐热词。

中央纪委国家监委会同有关单位联合印发《关于进一步推进受贿行贿一起查的意见》，要求组织开展对行贿人作出市场准入、资质资格限制等问题进行研究，探索推行行贿人“黑名单”制度。

这一年，“猎狐”不止步。

外逃20年的中国银行开平支行案主犯许国俊被遣返回国，生动诠释了党中央“5年、10年、20年都要追”的承诺。

这一年，潜逃境外近20年的“百名红通”人员程三昌贪污一案开庭。这是我国适用刑事缺席审判程序审理的第一起外逃被告人贪污案。

2021年1月至11月，“天网2021”行动共追回外逃人员1114人，其中“红通人员”16人，追回赃款161.39亿元人民币。

这一年，为期三年的扫黑除恶专项斗争圆满收官。

2021年1月至11月，全国查处涉黑涉恶腐败和“保护伞”问题8000余个，其中给予党纪政务处分8100余人，移送司法机关800余人。

2021年也是扫黑除恶迈向常态化机制化的一年。

中央纪委国家监委曝光六起“沙霸”“矿霸”背后腐败和“保护伞”，向黑恶势力背后腐败和“保护伞”再亮利剑。

这一年，作风建设常抓不懈。

2021 年 1 月至 11 月，各级纪检监察机关共查处“四风”问题 9.1 万起，批评教育帮助和处理 13.1 万人。

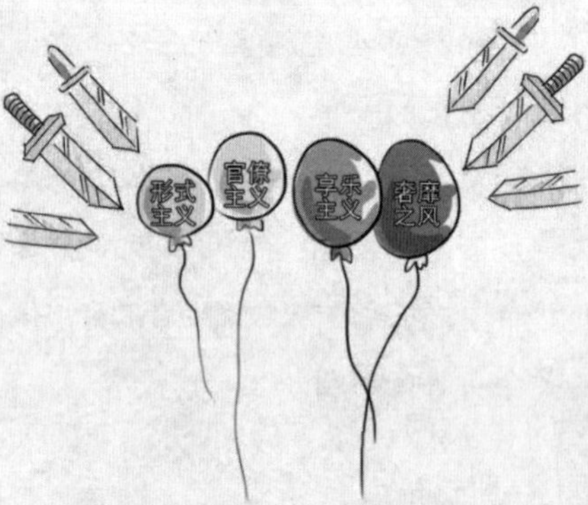

无论是形式主义、官僚主义，还是享乐主义、奢靡之风，一律露头就打、绝不姑息！

这一年，巡视利剑始终高悬。

十九届中央第七轮、第八轮巡视有序开展。

教育、金融领域成为焦点。

这一年，巡视巡察上下联动，把加强党内监督和服务人民群众紧紧相连。

这一年，纪检监察法规体系更加健全。

监察官法、监察法实施条例……国家监察体制改革深入推进，确保监察权始终在法治轨道上运转。

进入新一年，2022年1月4日，《中国共产党纪律检查委员会工作条例》全文公布，这是党的历史上首部全面规范纪律检查委员会工作的条例。

党中央深入推进全面从严治党的决心，从未改变！（新华社国内部）

第四章

锻造忠诚干净担当的纪检监察铁军

扫一扫，观看

《常青之道　贵在自胜》

锻造忠诚干净担当的纪检监察铁军

——新时代纪检监察干部监督工作综述

纪检监察机关是党内监督和国家监察的专责机关，肩负着党和人民的重托，承担着庄严神圣的使命。

执纪者必先守纪，律人者必先律己。

党的十八大以来，以习近平同志为核心的党中央高度重视纪检监察干部队伍建设工作，作出一系列重要指示。中央纪委国家监委和各级纪检监察机关从严从实加强自我监督约束，努力建设一支忠诚干净担当的纪检监察干部队伍，为新时代纪检监察工作高质量发展提供有力保障。

突出政治监督　强化日常监督

2021 年 10 月 15 日，湖南省纪委监委发布消息，湖南省纪委监委驻省审计厅纪检监察组原组长、省审计厅原党组成员包昌林被开除党籍、开除公职。

在发布的包昌林违纪违法情况通报中，“违反政治纪律和政治规矩”被放在了最靠前的位置。党的十八大以来，中央纪委国家监委和各级纪检监察机关不断加强对纪检监察干部做到“两个维护”、落实全面从严治党责任、履职用权情况的监督，严明政治纪律和政治规矩，坚持处置问题线索从政治纪律严起，开展审查调查从政治纪律查起，清除纪检监察干部队伍中政治上蜕变的两面人，切实消除政治隐患。

既抓政治监督，也抓日常监督。只有做实做细日常监督，才能夯实政治监督的基础。

“自我要求高，带动作用好，但对驻在部门业务需加强学习，提升精准监督质效……”近日，在黑龙江省纪委监委驻省工信厅纪检监察组，来自省纪委监委纪检监察干部监督室的工作人员正在为该纪检监察组组长“画像”。

2021 年 6 月，黑龙江省纪委监委印发通知，要求对干部基本情况要掌握清楚、说得清楚，建立“关键少数”写实记录，并实时汇总更新，确保对“关键少数”的“画像”精准客观。截至目前，黑龙江省纪委监委机关已将 100 多名各级“关键少数”基本情况录入写实记录。

突出监督重点，聚焦“关键少数”；开展监督调研，多方面了解情况，为监督对象精准“画像”；科学处置问题线索，坚持“惩前毖后、治病救人”，精准运用“四种形态”；规范问题线索备案制度，重点问题线索跟踪督办……

党的十八大以来，中央纪委国家监委和各级纪检监察机关运用多种手段精准有效开展日常监督，从具体业务、具体案例入手，推动政治监督和日常监督贯通协同、有机统一。

健全制度机制　确保长效监督

信任不能代替监督，扎牢制度的“笼子”至关重要。

“信访举报部门收到属于本机关受理的反映纪检监察干部的检举控告，在 5 个工作日内，经部门主要负责人批准，移送本级纪检监察干部监督部门。”这是北京市纪委监委印发的《关于在纪检监察干部监督工作中加强沟通协调的办法》中的一条规定。

“实现干部监督工作从‘一家独奏’走向‘集体合唱’，是建立沟通协调机制的最终目的。”北京市纪委监委纪检监察干部监督室相关负责人介绍，目前北京市纪委监委已建立了信息互通、监督互动机制，以日常监督为抓手，聚合多部门职能监督成果。

建章立制，久久为功。

推动落实《关于加强新时代纪检监察干部监督工作的意见》，深入开展对监督执纪工作规则、处理检举控告规则、监察法实施条例等法规制度的监督监察；

总结提炼干部监督工作指导思想、制度规范、实践做法，督促干部树牢法治意识、程序意识、证据意识；

健全完善纪检监察干部监督情况备案工作机制、对受处理处分纪检监察干部常态化跟踪回访工作机制等，提升干部监督工作专业化水平；

研究建立干部能力提升、日常考核、行为规范等制度机制，强化干部纪法意识、纪法思维、纪法素养……

党的十八大以来，从中央纪委国家监委到各级纪检监察机关，围绕纪检监察干部监督工作规范化、法治化、正规化，一系列行之有效的制度机制应运而生，在实践中得到广泛应用，收获了良好的效果。

抓实内部监督，也抓紧外部监督。中央纪委国家监委和各级纪检监察机关在实践中着力加强同外部监督的协调协同，建立健全接受人大监督、民主监督、行政监督、司法监督、审计监督、财会监督、统计监督、群众监督和舆论监督的有效方式。同时，支持特约监察员开展对纪检监察干部的监督工作，拓宽畅通对纪检监察干部的监督渠道。

坚持刀刃向内　持续整治“灯下黑”

2021 年 5 月 11 日，中央纪委国家监委网站发布的一条消息，引发舆论热议——“中央纪委原派驻国家烟草专卖局纪检组组长、国家烟草专卖局原党组成员潘家华涉嫌严重违纪违法，目前正接受中央纪委国家监委纪律审查和监察调查”。

防止“灯下黑”，首先要做到的就是坚持对执纪违纪、执法违法者“零容忍”。

党的十八大以来，各级纪检监察机关对纪检监察干部违纪违法和职务犯罪问题开展审查调查，坚持从违反政治纪律和政治规矩问题查起；坚决查处执纪违纪、执法犯法，跑风漏气、说情干预等问题；坚决查处在地方“两委”换届中结党营私、拉帮结派，跑官要官、买官卖官，徇私舞弊、拉票贿选等问题。

数据显示，2021年1月至11月，全国纪检监察系统运用“四种形态”批评教育帮助和处理纪检监察干部2.4万余人次，给予党纪政务处分2600余人，涉嫌犯罪移送检察机关90余人，严肃查处纪检监察领导干部腐败问题，始终保持严管严治势能常在、管党治党后墙坚固。

既要形成严厉震慑，也要抓好以案为鉴、以案促改、以案促治的“后半篇文章”。

2021年12月10日，在新一届云南省纪委班子履职第十天，一场“警示教育日”活动在全省纪检监察系统开展起来。《“九悔”人生》《贪欲之祸》等警示教育片的鲜活案例，让参与活动的纪检监察干部深受触动。

“打铁必须自身硬，在纪律规矩的约束与利益的诱惑面前如何作出正确选择，正是对我们的考验。”一位参与活动的纪检监察干部说。

党的十八大以来，中央纪委国家监委和各级纪检监察机关不断加大对纪检监察干部严重违纪违法案件的通报曝光力度，持续传导压力。同时，分级分类开展警示教育，教育引导纪检监察干部知敬畏、存戒惧、守底线。（新华社记者孙少龙）

新华社北京1月6日电

重拳反腐　警钟长鸣

——新时代纪检监察工作高质量发展之“反腐篇”

“必须清醒看到，腐败这个党执政的最大风险仍然存在，存量还未清底，增量仍有发生。”

在 2021 年 1 月召开的十九届中央纪委五次全会上，习近平总书记对反腐败形势作出深刻分析，指出必须一刻不停推进党风廉政建设和反腐败斗争。

回首 2021 年，在以习近平同志为核心的党中央坚强领导下，中央纪委国家监委和各级纪检监察机关坚定不移推进反腐败斗争，不断提升不敢腐、不能腐、不想腐一体推进综合效能，为“十四五”开好局起好步提供了坚强保障。

“严”字当头　持续加大重点领域和关键环节反腐力度

2021 年 12 月 1 日，党的十九届六中全会闭幕不到一个月，一条由中央纪委国家监委网站发布的消息抓住了人们的眼球——

“江苏省委原副书记张敬华涉嫌严重违纪违法，目前正接受中央纪委国家监委纪律审查和监察调查。”

随着张敬华被查，2021 年，中央纪委国家监委网站公布的接受审查调查的中管干部已达 25 名。

2021 年 1 月 4 日，新年第一个工作日就发布 4 名中管干部受到党纪政务处分的通报；2021 年 7 月一个月，密集发布 6 名中管干部接受审查调查通报……过去一年中，重拳“打虎”的消息如响鼓重槌般震撼人心，释放出坚定不移推进反腐败斗争的强烈信号。

“对被告人赖小民以受贿罪判处死刑，剥夺政治权利终身，并处没收个人全部财产……”

2021 年 1 月 5 日，天津市第二中级人民法院公开宣判华融公司原董事长赖小民受贿、贪污、重婚一案，一审判处赖小民死刑。

“金融巨贪”赖小民的落马，反映出金融领域等一系列重点领域和关键环节反腐败斗争的深入推进。

——在金融领域，国家开发银行原党委委员、副行长何兴祥，中国农业发展银行河南省分行原党委副书记、副行长杨百路等一批“蛀虫”被查处，案件查办深度和广度不断拓展；

——在政法系统，仅 2021 年上半年就有 90 余名厅局级及以上领导干部被查处，最高人民法院原审判委员会委员、执行局局长孟祥，新疆生产建设兵团原副司令员、政法委原书记杨福林等一批政法系统“老虎”被查；

——在粮食购销领域，中央纪委国家监委于 2021 年 8 月在全国范围内部署开展粮食购销领域腐败问题专项整治工作，各级纪检监察机关立足职能职责，针对粮食购销领域腐败问题加大办案力度，查处了一批胆大妄为、贪得无厌的“粮耗子”……

“三不”一体推进　做好审查调查“后半篇文章”

“通报也学了，要求也提了，就是自己没重视 ”“应该说是茶饭不思，夜不成眠，如坐针毡，度日如年，非常忐忑，非常恐惧”……

2021 年 12 月 22 日上午，在青海省召开的省管领导干部警示教育大会上播放的警示教育片中，片中人的后悔与恐惧，让在场的干部屏气凝神，深受震撼。

警示教育片之外，大会还通报了多起领导干部严重违纪违法事件，剖析了腐败行为背后的思想根源、原因教训，进一步以案释纪说法。

开展警示教育，以身边人、身边事警醒党员领导干部，做好审查调查的“后半篇文章”，正是一体推进不敢腐、不能腐、不想腐的有力抓手。

近年来，各级纪检监察机关坚持系统施治、标本兼治，惩治震慑、制度约束、提高觉悟一体发力——

坚持严惩腐败与严密制度、严格要求、严肃教育紧密结合，做实以案促改、以案促治；

切实发挥思想政治教育的“法宝”作用，无论是工作交流、日常监督，还是执纪执法、追责问责，都坚持把思想政治工作贯穿全过程；

持续深化同级同类监督，发挥“忏悔录”的重要作用，加强对下级党组织年度民主生活会、以案促改专题民主生活会的监督指导；

把领导干部配偶、子女、亲属作为警示教育重要对象，督促领导干部把修身律己和廉洁齐家相结合；

发挥廉洁文化正面引导作用，宣传好身边典型，用好廉政文化教育基地，将正面引领与反面警示有机结合，厚植“三不”一体推进的思想根基和文化涵养……

充分运用好“四种形态”，是贯通规、纪、法，连接不敢腐、不能腐、不想腐的重要手段——

据统计，2021 年 1 月至 9 月，全国纪检监察机关运用“四种形态”批评教育帮助和处理共 147.4 万人次。其中，运用第一种形态批评教育帮助 105.3 万人次，占总人次的 71.5%；运用第二种形态处理 32.2 万人次，占 21.9%；运用第三种形态处理 4.6 万人次，占 3.1%；运用第四种形态处理 5.2 万人次，占 3.6%。

这充分说明，各级纪检监察机关定位向监督聚焦、责任向监督压实、力量向监督倾斜，监督执纪不断由“惩治极少数”向“管住大多数”拓展。同时，严惩腐败这一手没有放松，为有效监督提供了坚实后盾。

健全制度机制　推动反腐败工作规范化法治化正规化

2022 年 1 月 4 日，《中国共产党纪律检查委员会工作条例》全文公布，这是中国共产党历史上首部全面规范纪委工作的条例。

条例系统总结了党的十八大以来全面从严治党、推进党风廉政建设和反腐败斗争、深化纪检监察体制改革的理论成果、实践成果、制度成果，对党的各级纪律检查委员会的领导体制、产生运行、任务职责等作出全面规范。

制度具有根本性、全局性、稳定性和长期性。要从源头上有效防治腐败，必须加强对权力的制约和监督，把权力关进制度的“笼子”。

2021 年 3 月，党中央印发《关于加强对“一把手”和领导班子监督的意见》，这是党中央首次聚焦对“一把手”和领导班子监督制定的专门文件。

意见强调对“一把手”和领导班子成员失职失责行为严肃追究责任，针对加强对“一把手”的监督、同级领导班子监督和对下级领导班子的监督，细化规定了 21 项措施，要求各级领导干部正确对待党组织和群众的监督，习惯在受监督和约束的环境中工作生活。

一分部署，九分落实。数据显示，2021 年 1 月至 10 月，全国各级纪检监察机关共约谈领导班子成员、重点岗位人员 74.2 万人次；立案审查调查县处级以上“一把手”5756 人。

2022 年 1 月 1 日，《中华人民共和国监察官法》开始施行。

作为继监察法、公职人员政务处分法后，又一部关于深化国家监察体制改革的法律，监察官法坚持责任法定位，将监察官履职要求具体化、制度化、法律化，明确权力边界、严格内控机制，强化自我约束、加强外部监督，对促进监察官依法履行职责、正确行使监察权有着重要意义。

此外，《中华人民共和国监察法实施条例》已于 2021 年 9 月 20

日全文公布并于当日起施行。作为国家监察委员会成立后制定的第一部监察法规，监察法实施条例对监察制度进行科学化、体系化集成，为推进监察工作规范化、法治化、正规化提供了有力保证。（新华社记者孙少龙）

新华社北京 1 月 12 日电

正风肃纪　激浊扬清

——新时代纪检监察工作高质量发展之“作风篇”

纠治“四风”不止步，作风建设不停歇。

2021年，中央纪委国家监委和各级纪检监察机关聚焦突出问题、紧盯关键节点，从群众反映强烈的突出问题抓起，从领导干部抓起，系统施治、标本兼治，持之以恒纠“四风”树新风，让清正廉洁的风气不断充盈。

力度不减、尺度不松，重拳出击纠治“四风”

“贵州省政协原党组书记、主席王富玉违规收受礼品、礼金，长期违规打高尔夫球，生活奢靡，贪图享乐等问题”“甘肃省委原常委，省政府原党组副书记、副省长宋亮违规收受礼金，接受可能影响公正执行公务的宴请和旅游安排问题”……

2021年12月27日，在元旦佳节即将到来之际，中央纪委国家监委对10起违反中央八项规定精神典型问题进行公开通报，再次释放紧盯关键时间节点、严抓作风问题的鲜明信号。

作风建设，常抓不懈。

一年来，中央纪委国家监委和各级纪检监察机关坚持严字当头，对“四风”问题露头就打。

中央纪委国家监委注重发现和纠治“套会”代“减会”、“红头”变“白头”、“纸质”化“指尖”、督检考不够统筹规范等问题，通报曝光陕西省人社厅推广“秦云就业”小程序过程中层层摊派加重基层负担等典型案例。

浙江省纪委监委着力防治“穿新鞋走老路”违规上马“两高”项目、不顾实际搞政绩工程形象工程。针对虚拟货币挖矿高耗能高排放问题，开展利用公共资源参与挖矿、交易行为整治工作，查处 48 人，每月节约电量近 18 万度。

广东省纪委监委聚焦常态化疫情防控，坚决纠治麻痹松懈、责任空转、措施流于形式等现象，成立专项监督检查组，深入市县抽查检查口岸、渔港、隔离酒店等重要点位，发现问题 277 个，督促举一反三、立行立改。

……

据统计，2021 年 1 月至 11 月，各级纪检监察机关共查处“四风”问题 9.1 万起，批评教育帮助和处理 13.1 万人；2021 年，中央纪委国家监委共通报曝光 4 批 34 起典型问题，释放出作风建设一刻不停歇、继续向纵深推动的强烈信号。

惩前毖后、治病救人，不断提升作风建设治理效能

“看到曾经的同事站在被告席上，也给我敲响了一记警钟。”在旁听了一起违法案件庭审后，四川省青神县青竹街道一位村干部说。

组织案发领域党员干部零距离旁听庭审，是青神县用好典型案例“活教材”，分类开展警示教育，推进以案促改制度化常态化建设的一个缩影。

记者了解到，2020 年至 2021 年底，青神县共开展警示教育 237 场次，廉政谈心谈话 3383 人次，排查廉政风险点 451 个，修订完善制度 503 项，共有 18 人主动说清问题。

立足当前，着眼长远。一年来，中央纪委国家监委和各级纪检监察机关持续做好监督执纪“后半篇文章”，不断提升作风建设治理效能。

中央纪委国家监委建立案例指导机制，印发一批纠治“四风”指导性案例，以案明规释纪；完善月月公布查处结果机制，推广地方部门经验做法；创新重要节点通报曝光机制，强化警示震慑。

吉林省纪委监委推动省委组织部会同相关部门专门出台规定，深挖“四风”问题背后的制度短板、监管漏洞，推动完善机制、优化治理。

福建省纪委监委坚持纠树并举，推广“四下基层”“马上就办”等优良作风，培育具有行业特性、区位特征、时代特点的新风“名片”。

……

各级纪检监察机关自觉提高政治站位，聚焦党中央关心、人民群众关切的重点领域，对贯彻落实党中央重大决策部署表态多调门高、行动少落实差等形式主义、官僚主义问题和享乐主义、奢靡之风问题强化问责，不断压实作风建设主体责任，有力促进了各级领导干部知责负责守责尽责。

涤荡痼疾、扫除积弊。

一年来，中央纪委国家监委和各级纪检监察机关在抓常、抓细、抓长上下功夫，坚持以制度管人、以文化人，不断巩固拓展作风建设成果，让清正之风劲吹华夏大地。

尽心为民、敢于亮剑，整治群众身边腐败和作风问题

“我以为一二百块的事儿你们不会管，没想到这么快就把钱给要回来了。”日前，河北省宽城满族自治县纪委监委在接到铧尖乡沟口子村村民反映的该村村支委占用村民养老保险款、农村合作医疗款的问题后，及时调查处理，追缴违纪资金。

群众期盼处就是正风肃纪反腐发力点。

一年来，中央纪委国家监委和各级纪检监察机关把整治群众身边腐败和作风问题作为重中之重，坚持有什么问题就解决什么问题，什么问题突出就整治什么问题，不断提升群众获得感、幸福感、安全感。

——聚焦促进巩固拓展脱贫攻坚成果同乡村振兴有效衔接精准发力，深入原深度贫困地区调研督导，加强对惠民富民、促进共同富裕政策措施落实情况的监督检查，坚决纠治松劲懈怠、措施不实以及公共基础设施“中看不中用”“管建不管修”等现象。

2021 年 1 月至 11 月，全国共查处巩固拓展脱贫攻坚成果同乡村振兴有效衔接方面腐败和作风问题 1.6 万余个，给予党纪政务处分 1.4 万余人。

——围绕老百姓“急难愁盼”问题用心用情，持续纠治教育医疗、养老社保、生态环保等领域腐败和作风问题，大力整治利用停车位等公共资源谋取私利、行政服务窗口勾结“黑中介”侵害群众利益等不正之风。

2021 年 1 月至 11 月，全国查处民生领域腐败和作风问题 11 万余个，批评教育帮助和处理 16 万余人，其中给予党纪政务处分 10 万余人。

——结合常态化扫黑除恶“打伞破网”，配合做好政法队伍教育整顿工作，严肃查处湖北省孝感市委原书记潘启胜等涉黑涉恶腐败案件。

2021 年 1 月至 11 月，全国查处涉黑涉恶腐败和“保护伞”问题 8000 余个，其中给予党纪政务处分 8100 余人，移送司法机关 800 余人。

一个个案件、一项项整治、一次次监督，持续净化基层政治生态，让群众获得感成色更足、幸福感更可持续、安全感更有保障。

作风建设永远在路上，容不得喘口气歇歇脚。唯有笃定“越是艰险越向前”的决心，保持“咬定青山不放松”的定力，才能打赢作风建设攻坚战、持久战、攻心战，以清风正气护航干事创业。（新华社记者高蕾）

新华社北京 1 月 13 日电

利剑高悬　标本兼治

——新时代纪检监察工作高质量发展之“监督篇”

监督是权力正确运行的保证，是国家制度和治理体系有效运转的重要支撑。

一年来，从深化运用“四种形态”到推动纪检监察体制改革，从推进巡视巡察上下联动到促进各类监督贯通融合，党内监督和国家监察全覆盖有效推进，监督治理效能不断提升，中国特色社会主义监督制度逐步成熟定型，为推进国家治理体系和治理能力现代化提供了强大支撑。

深化运用“四种形态”治理效能充分彰显

坚持惩前毖后、治病救人，实事求是深化运用“四种形态”，是纪检监察工作高质量发展的必然要求。

一年来，各级纪检监察机关将深化运用“四种形态”，统筹运用党性教育、政策感召、纪法威慑，做到纪法情理贯通融合，教育挽救了一大批党员领导干部，监督执纪执法由“惩治极少数”向“管住大多数”拓展。

数据显示，2021 年 1 月至 9 月，全国纪检监察机关运用“四种形态”批评教育帮助和处理共 147.4 万人次。

——运用第一种形态批评教育帮助 105.3 万人次，占总人次的 71.5%；运用第二种形态处理 32.2 万人次，占 21.9%。这两种形态侧重于日常教育监督管理和党纪党规约束，强调将纪律和规矩挺在前面，注重抓早抓小、防微杜渐，教育督促引导广大党员将党章党规党纪内化于心、外化于行，实现从被动敬畏到自觉遵循的转变。

——运用第三种形态处理 4.6 万人次，占 3.1%；运用第四种形态处理 5.2 万人次，占 3.6%。这两种形态侧重严肃查处问责，既体现有腐必惩、有贪必肃，形成强大震慑，确保底线常在；又注重教育感化转化，促使真诚认错悔错改错，实现“处理一人、教育一片”的良好效果。

可以看到，“四种形态”在“好同志”与“阶下囚”中间设置一道缓冲区，既保持了“零容忍”的高压态势，又连接不敢腐、不能腐、不想腐，对全面巩固反腐败斗争压倒性胜利具有重大意义。

在强大震慑和政策感召下，2020 年，全国有 1.6 万人向纪检监察机关主动投案，6.6 万人主动向纪检监察机关交代问题；2021 年，蒙永山、刘川生等中管干部主动投案，各地区各部门也有涉嫌违纪违法的领导干部主动投案，充分彰显深化运用“四种形态”的制度优势和治理效能。

深化纪检监察体制改革充分发挥制度优势

监督是治理的内在要素。一年来，中央纪委国家监委多举措并举深化纪检监察体制改革，推动纪检监察工作高质量发展，不断完善党和国家监督体系，促进治理效能全面提升。

——聚焦“两个维护”，推动政治监督具体化常态化。中央纪委国家监委健全贯彻习近平总书记重要指示精神和党中央决策部署督查问责机制，加强对党委（党组）履行管党治党主体责任情况的政治监督，坚决做到党中央重大决策部署到哪里、政治监督就跟进到哪里。

——突出“关键少数”，着力破解对“一把手”和领导班子监督难题。2021 年 6 月，《关于加强对“一把手”和领导班子监督的意见》全文公布，意见要求各级纪检监察机关重点强化对贯彻执行民主集中制、依规依法履职用权、担当作为、廉洁自律等情况的监督。

——深化派驻机构改革，增强派驻监督实效。中央纪委国家监委指导省市县纪委监委加快推进派驻机构设置和人员配备、完善派驻监督体制机制，把纪检监察监督更加有力有效地延伸到各部门、各领域、各层级。同时，探索“室组”联动监督、“室组地”联合办案机制，提升监督执纪执法协同性。

——坚持系统集成、协同高效，推动各类监督贯通协调。中央纪委国家监委制定进一步加强纪律监督、监察监督、派驻监督、巡视监督统筹衔接的意见，推动“四项监督”在决策部署指挥、资源力量整合、措施手段运用上更加协同；与中央和国家机关有关单位在信息沟通、线索移交、措施配合、成果共享等方面形成制度性成果 40 余项，推动纪检监察监督与其他监督形成合力。

——加强纪检监察法规制度体系建设，推动提升工作规范化法治化正规化水平。制定出台《中华人民共和国监察法实施条例》，对监察范围和管辖、权限和程序等作出细化规定，推动完善国家监察法治体系。

巡视利剑高悬发挥巡视综合监督作用

巡视，是加强党内监督的战略性制度安排，是全面从严治党的有力抓手。

2021 年，中央两轮巡视共覆盖 57 个党组织。至此，十九届中央巡视已累计完成对 254 个地方、单位党组织的巡视，巡视覆盖率达 91.7%，巡视全覆盖取得扎实进展。

巡视是政治巡视，价值取向是以人民为中心，始终坚持人民立场、贯彻群众路线，发挥联系群众的纽带作用，拓宽群众参与监督的渠道，推动解决群众反映强烈的突出问题。

2021年，中央两轮巡视共受理群众信访8.3万件次，全国各省区市巡视巡察机构共受理信访48.7万件次，着力发现和推动解决教育、金融、医疗、养老社保、生态环保、执法司法等领域一批群众急难愁盼问题，人民群众获得感成色更足、幸福感更可持续、安全感更有保障。

为配合中央纪委国家监委开展的粮食购销领域腐败问题专项整治，2021年9月，中央巡视工作领导小组部署31个省区市和新疆生产建设兵团巡视巡察机构同步开展涉粮问题专项巡视巡察，为促进治理粮食购销系统性腐败问题发挥了重要作用。

据悉，这是《关于加强巡视巡察上下联动的意见》颁布以来，在全国第一次围绕重点工作统筹部署省市县三级巡视巡察机构开展专项巡视巡察。目前，中央、省、市、县四级巡视巡察工作体系已经建立，系统作用和组织优势不断显现。

在深化上下联动的同时，横向监督贯通也取得重要进展。

持续推动巡视与纪检监察监督统筹衔接，认真落实关于进一步加强纪律监督、监察监督、派驻监督、巡视监督统筹衔接的意见；加强与其他监督协同配合，新建立中央巡视机构与财政部、国家统计局的协作机制，有效对接巡视监督与有关职能部门监督。

“上下联动和贯通融合是篇大文章，现在还只是起步，随着全面从严治党不断深入，综合监督作用和系统优势将越来越彰显。”中央巡视办有关负责人说，这是党的领导政治优势在监督领域的充分体现，也是我们自觉运用党的百年奋斗历史经验丰富完善中国特色监督体系的真实写照。（新华社记者范思翔）

新华社北京1月14日电

监督"利剑" 愈显锋芒

——新时代纪检监察工作高质量发展之"巡视篇"

2020年，巡视工作始终坚持"严"的主基调，科学统筹疫情防控和巡视任务，高质量推进巡视全覆盖，建立完善上下联动战略格局，充分发挥综合监督平台作用和联系群众纽带功能，让巡视这柄监督"利剑"愈显锋芒。

高质量推进巡视全覆盖

日前，中央第六轮巡视的15个巡视组撤离各地各单位，完成了现场巡视。

至此，十九届中央巡视全覆盖任务完成率超过70%。

2020年，中央巡视组共开展两轮常规巡视，对17个省区市和新疆生产建设兵团、49个中央和国家机关单位党委（党组）开展巡视，将涉及的5个副省级城市党委和人大常委会、政府、政协党组主要负责人一并纳入巡视范围，实现对省区市巡视全覆盖。

聚焦党中央关于防范化解重大风险、统筹疫情防控和经济社会发展等重大决策部署，巡视工作在2020年应时应势而动，发现了一批贯彻落实不坚决、履行职能责任不到位、搞形式主义官僚主义等问题，督促推动党组织和党员干部以实际行动践行"两个维护"，进一步彰显监督保障执行、促进完善发展作用。

——根据巡视发现的问题线索，福建省委原常委、副省长张志南，原中国船舶重工集团有限公司党组书记、董事长胡问鸣，中粮集团有限公司原党组成员、总会计师骆家駹，文化和旅游部原党组副书记、副部长李金早等人被查处。

——深入查找权力运行监督制约的薄弱环节，针对发现的共性、深层次问题形成专题报告6份，向相关职能部门移交意见建议34条，促进深化改革、完善体制机制、加强监督管理。

——探索建立与被巡视党组织主要负责人沟通工作机制，就发现的重要问题、提出的重要建议听取被巡视党组织主要负责人意见，促进客观精准发现和反映问题，推动形成查找问题、整改问题、同题共答的共识与合力。

一年来，在中央巡视机构指导下，各省区市立足常规巡视，有针对性地开展专项巡视、机动巡视和“回头看”，切实提高全覆盖质量。截至目前，31个省区市和新疆生产建设兵团党委共对6144个市县、部门和单位党组织开展巡视，全覆盖完成率达74.5%。

上下联动工作格局更加完善

建立巡视巡察上下联动的监督网，是党的十九大部署的重要任务，也是完善巡视工作格局、推动巡视工作向纵深发展的重要抓手。

数据显示，2020年，全国市县巡察覆盖6390个乡镇、6.6万个部门和企事业单位、18.9万个村级党组织，发现和推动解决了一批群众反映强烈的痛点难点问题，有力促进全面从严治党向基层延伸，提升基层监督、基层治理实效。

实践证明，只有巡视巡察“双剑合璧”，才能发挥各自优势，形成强大监督合力，在同一领域同步同向发力。

2020年12月，一份文件由中央办公厅印发——《关于加强巡视巡察上下联动的意见》。

意见明确上级巡视巡察机构要加强对下级巡视巡察工作的指导和

督促，为推进巡视巡察上下联动作出了顶层设计，提供了制度支撑。

根据党中央部署，结合中央第六轮巡视，中央巡视工作领导小组派出 10 个指导督导组，对 17 个省区市和新疆生产建设兵团巡视工作开展指导督导：

开展专题培训，组织“讲师团”分赴各地，传导党中央新部署新要求和巡视工作经验做法，推动落实巡视巡察工作主体责任；

开展现场指导，全方位、全流程、全要素跟进省区市一轮巡视，点对点解剖麻雀、面对面传授经验、手把手培训技能；

开展调研督导，了解掌握省区市巡视巡察工作全面情况，发现影响制约巡视巡察工作深化发展的瓶颈问题，为破解难题、深化改革找准症结、明确路径。

数据显示，指导督导期间，共开展个别访谈 803 人次，召开座谈会 111 次，查阅资料 1.3 万余份，下沉调研 61 次，提出改进工作参考建议 1484 条。

综合监督平台作用和联系群众纽带功能更加凸显

党章把巡视作为重要组织制度确立下来，在整个党和国家监督体系中具有战略性作用。随着实践深化发展，这一战略作用日益彰显。

——综合监督效应更加凸显。

党的十九大以来，巡视充分发挥综合监督平台作用，积极探索整合监督力量、共享监督成果的实现形式。

巡前加强信息情况沟通，巡中加强对重要问题的会商研究，巡后突出整改日常监督、综合用好巡视成果……将贯通融合要求落实到巡视工作全环节，加强和纪检监察机关、组织部门统筹衔接，初步构建起监督闭环，促进监督、整改、治理一体推进。

——监督力量协作更加有序。

进一步探索巡视与审计、财会、统计等监督协作配合的有效方式，建立健全相关工作机制，充分用好已有监督成果。

通过与其他监督贯通融合，发挥力量整合与系统优势的叠加效应，既提高监督效率，又减少多头重复监督、减轻基层负担，切实推动制度优势转化为监督效能。

——群众监督渠道更加畅通。

2020 年，各级巡视巡察机构自觉践行党的群众路线，充分发挥联系群众纽带功能，及时公开巡视巡察进驻、反馈、整改等情况，畅通群众反映问题渠道，广泛听取群众意见，既让领导干部接受监督、习惯被监督，也让群众知道监督、参与监督，把党的领导与人民当家作主结合起来，促进党内监督与群众监督有机贯通，彰显中国特色的民主监督优势。

数据显示，2020 年中央巡视组共受理群众信访举报 47.9 万件次，推动解决了一批群众最关心最直接最现实的利益问题。国家统计局民意调查结果显示，群众对巡视巡察效果满意率为 95.2%。（新华社记者丁小溪）

新华社北京 1 月 19 日电

追逃"天网" 越织越密

——新时代纪检监察工作高质量发展之"追逃篇"

腐败，是人类社会的"毒瘤"。有腐必反、有贪必肃，是中国的行动，也是国际社会共识。

"不管腐败分子逃到哪里，都要缉拿归案、绳之以法。"坚持有逃必追、一追到底，党中央将国际追逃追赃工作提升到国家政治和外交层面，纳入反腐败工作总体部署，布下追逃追赃的天罗地网，不断强化对腐败分子的震慑与打击。

持续保持追逃追赃高压态势

面对新冠肺炎疫情全球蔓延，国际形势日趋复杂，我国反腐败国际追逃追赃工作依旧蹄疾步稳、一刻不歇。

2020 年以来，胡亦品、强涛等涉案金额巨大的"红通人员"被缉捕归案；原铁道部运输局调研员海涛、中石化财务公司原出纳程宣、青岛市李沧区上王埠社区原党支部书记曲志林等一批重要外逃职务犯罪嫌疑人被追回；钱建芬、张纪华、梁荣富等涉嫌行贿的外逃人员被追回……

一份亮眼的追逃成绩单，彰显出党中央"有逃必追、一追到底"的鲜明态度和坚定决心，见证着反腐败国际追逃追赃工作的坚实步履。

疫情之下，我国持续保持追逃追赃高压态势。中央追逃办部署启动"天网 2020"行动，紧盯未归案"百名红通人员"，把近 5 年内出逃、县处级以上、涉案金额较大、群众反映强烈的职务犯罪外逃人员纳入挂牌督办范围，加大对国有企业、金融机构和扶贫民生领域外逃腐败分子的追缉力度。

数据显示，2020 年 1 月至 11 月，“天网 2020”行动追回外逃人员 1229 人，其中“红通人员”28 人，党员和国家工作人员 315 人，监察对象 289 人，追回赃款 24.45 亿元。

一组翔实数据，生动反映了反腐败国际追逃追赃的成功实践，有力证明了“追逃不停步，追赃不松劲”的坚定意志。

提升追逃追赃工作法治化、规范化、专业化水平

中央纪委国家监委牵头开展职务犯罪国际追逃追赃专项行动，公安部继续开展“猎狐”专项行动，最高法继续牵头开展犯罪嫌疑人、被告人逃匿、死亡案件追赃专项行动……

中央追逃办各成员单位既团结协作、形成合力，又分兵把守、各司其职，建立起集中统一、高效顺畅的协调机制，大大提高了工作效率和成效。

2020 年 8 月 10 日，十三届全国人大常委会第二十一次会议听取了国家监察委员会关于开展反腐败国际追逃追赃工作情况的报告，这是全国人大常委会首次听取国家监委专项工作报告。

开展专项工作报告、落实审议意见的过程，也是自觉接受监督、主动支持监督的过程，目的就是要着力提升追逃追赃工作规范化、法治化、专业化水平。

2020 年年初，湖南省岳阳市中院依法裁定没收“红通人员”彭旭峰、贾斯语境内外违法所得 1.5 亿元。国家监委会同有关部门，分别向新加坡、澳大利亚等国提出刑事司法协助请求，推动外方承认和执行我国法院没收裁定。

“违法所得没收程序的运用，在经济上‘断血’，使外逃腐败分

子的生存空间越来越小。”岳阳市监委有关负责人表示。

在追逃追赃工作中，国家监委和地方各级监委严格依法依规开展工作，依法调查外逃人员职务违法犯罪问题，依法收集和固定证据材料，依据有关国家法律要求和国际公约提请对外执法合作，不断提升运用法律手段开展追逃追赃的能力和水平。

国际司法执法合作的广泛开展也有效服务了国内反腐败工作。2020 年，国家监委对外提出刑事司法协助请求 5 项、执法合作请求 32 项，提请外方执法部门将“红通人员”杨玉荣、臧春伟、张衡贤等 3 名外逃职务犯罪嫌疑人缉捕并遣返。

追逃追赃工作必须坚持法治思维和法治方式。随着国家监察体制改革的深入推进，追逃追赃的恢恢天网正越收越紧、越织越密。

推动构建国际反腐新秩序

对内筑牢防逃堤坝，对外积极开展国际合作与交流，推动构建国际反腐新秩序。

2020 年 12 月 8 日，“一带一路”合作伙伴疫情防控和复工复产廉洁建设研讨会在北京召开，来自 22 个国家和国际组织的代表在线参会，旨在凝聚各方共识，推动反腐败国际合作和廉洁丝绸之路建设，共同促进疫情防控和经济复苏。

以视频方式举办中老铁路廉洁建设第五次定期会商、推动深度参与“一带一路”建设的 62 家中国企业共同发起《“一带一路”参与企业廉洁合规倡议》……我国不断推进“一带一路”廉洁建设，提升“走出去”企业廉洁合规经营意识和能力。

从 2014 年主导制定亚太经合组织《北京反腐败宣言》，到 2016 年二十国集团（G20）领导人杭州峰会通过《二十国集团反腐败追逃追赃高级原则》，到 2019 年 10 月国家监委首次与联合国签署合作备忘录，再到 2020 年“零容忍”“零漏洞”“零障碍”合作原则成为《二十国集团反腐败部长级会议公报》的重要内容……充分利用重大双多边外交场合，凝聚各方共识，参与制定相关规则，为全球反腐败治理贡献中国智慧和中国方案。

截至目前，我国已与81个国家缔结引渡条约、司法协助条约、资产返还与分享协定等共169项，与56个国家和地区签署金融情报交换合作协议，初步构建起覆盖各大洲和重点国家的反腐败司法执行合作网络。

信息共享、联合调查、能力建设……我国正不断深化同各国间的司法执法合作，深度参与反腐败国际治理，推动完善多边双边司法执法合作机制，推动反腐败国际合作高质量发展。（新华社记者黄玥）

新华社北京1月20日电

“天网”恢恢　有逃必追

——新时代纪检监察工作高质量发展之“国家合作篇”

在“地球村”的时代，腐败问题贻害全球。

一年来，在以习近平同志为核心的党中央坚强领导下，中央纪委国家监委和各级纪检监察机关在国内重拳反腐的同时，深入开展反腐败国际合作，大力推进国际追逃追赃，积极参与反腐败全球治理。

虽远必追，一体推进追逃防逃追赃

归案！

2021 年 8 月 31 日，在中央反腐败协调小组国际追逃追赃工作办公室统筹协调下，经公安部、河南省监委与有关国家执法机关密切合作，外逃职务犯罪嫌疑人周孟波在境外落网并被遣返回中国。

周孟波，中国铁路工程集团有限公司原党委副书记，涉嫌受贿罪，2019 年 5 月外逃。他是中央追逃办成立以来从境外缉捕的级别最高的外逃腐败分子，他的归案，也是国企领域反腐败的重要成果。

一年来，纪检监察机关一体推进追逃防逃追赃，全面巩固反腐败斗争压倒性胜利——

压紧压实追逃追赃政治责任，精准制定追逃防逃追赃策略，持续开展“天网行动”，加大对涉腐洗钱行为打击力度；

始终保持追逃追赃高压态势，2021 年 1 月至 11 月，“天网 2021”行动共追回外逃人员 1114 人，其中“红通人员”16 人，监察对象 297 人，追回赃款 161.39 亿元人民币；

积极开展国际司法执法合作，2021 年 1 月至 11 月，国家监委对外提出执法合作请求 13 项、刑事司法协助请求 12 项，通过与外方开展执法合作，取得一批重大战果；

坚持法治思维法治方式，刑事缺席审判第一案、“百名红通人员”程三昌案公开开庭审理，适用违法所得没收程序没收“百名红通人员”徐进等逃犯境内外大量资产，出台监察法实施条例，将监察法第六章“反腐败国际合作”三条内容细化完善为三节十七条，有效提升追逃追赃工作规范化、法治化水平；

完善对人员和资金的监管，推动全国各省区市完成领导干部和公职人员“一人多证”专项清理工作，加大对涉腐洗钱行为打击力度，阻断赃款外流渠道。

在一系列扎实有效的举措合力下，大批外逃分子被缉拿归案，有力维护了国家利益和国家安全，反腐败国际追逃追赃的“天网”正越织越密。

服务大局，保障高质量共建“一带一路”

2021 年 12 月 3 日，“澜沧号”动车组列车从老挝首都万象站缓缓驶出；同日，一列复兴号动车组驶出中国云南昆明站……中老铁路全线开通运营。

钢铁巨龙纵贯山峦、横穿江河，承载着中老两国人民世代友谊的列车，飞驰在希望之路上。铁路的开通运营，是共建“一带一路”实打实的成就。

这一交通大动脉的建设，离不开纪律和作风护航。

为保障中老铁路顺利通车，中老纪检监察机关发挥定期会商机制作用，提前谋划应对铁路运营、经营开发中可能遇到的廉洁建设问题，督促相关企业党委（党组）落实主体责任，综合运用巡视、审计、业务检查等方式开展监督，保证了建设队伍高素质、建设管理高水平、建设成果高质量。

中老铁路的通车，正是纪检监察机关为高质量共建“一带一路”提供坚强保障的一个缩影。

2021年，跨境腐败治理深入推进，强化“一带一路”廉洁风险防控，积极推动落实廉洁丝绸之路北京倡议，跨境腐败治理成效初步显现。

——强化“一带一路”廉洁风险防控，聚焦境外“关键少数”监督、财务资金监管、重大项目管理，加强廉洁风险防控，梳理问题清单、制度清单，加强企业内部监督制约。

——不断深化“一带一路”反腐败务实合作，落实廉洁丝绸之路北京倡议，在联合国反腐败公约框架下加强反腐败国际合作，与联合国毒罪办共同开展“丝绸之路经济带”反腐败项目，积极参加二十国集团、亚太经合组织和金砖国家等多边反腐败机制，向国际社会介绍廉洁丝绸之路建设经验。

贡献理念，积极参与全球反腐败治理

这是反腐败国际合作历史上具有重要意义的节点——

2021年6月，联合国大会首次举行反腐败问题特别会议。

“坚持公平正义、惩恶扬善”；

“坚持尊重差异、平等互鉴”；

“坚持合作共赢、共商共建”；

“坚持信守承诺、行动优先”。

中国在联合国大会反腐败问题特别会议上提出的反腐败国际合作“四项主张”，代表了当前反腐败国际合作的发展趋势，反映了广大发展中国家对于反腐败国际合作的利益和诉求，成为团结广大发展中国家，引领全球反腐败进程的有力抓手。

当前，疫情推动世界百年未有之大变局加速演变，全球治理体系面临深刻变革，反腐败领域国际博弈日益激烈。严峻的形势下，积极参与国际规则制定，加强反腐败国际合作成为必然选择。

为此，中国积极参与构建全球反腐败伙伴关系网络，充分发挥高层交往的政治引领效应，加强对双边交流的统筹和布局，深化双边交流机制化建设。在线举办 3 期反腐败研修班，来自 30 个国家的 217 名反腐败机构官员参加，扩大了反腐败国际合作朋友圈。

塑造反腐败多边机制，对于做好反腐败国际合作具有重要意义。中国坚定维护多边主义和以联合国为核心的反腐败国际治理体系；以二十国集团、亚太经合组织、金砖国家、国际反腐败学院等机制为重点，在合作方向规划、议题议程设计等方面持续用力，推动相关成果文件聚焦追逃追赃等务实合作，更多体现反腐败国际合作“四项主张”精神。

共建清正廉洁的社会，需要世界的共同努力。

中国是全球反腐败治理的积极参与者和贡献者。面向未来，中国将继续与各国携手同行，共同破解腐败这一国际性难题。（新华社记者王琦、张研）

新华社北京 1 月 15 日电

延伸阅读

数读2021年检察机关“成绩单”

2021年，检察机关刑事、民事、行政、公益诉讼“四大检察”职能如何履行？做了哪些实事？

最高人民检察院17日举行的全国检察长（扩大）会议给出了一份检察机关年度“成绩单”。

整治违反防止干预司法“三个规定”这一顽瘴痼疾，要求检察人员如实填报记录过问、干预案件等相关情况，开展系统内“上下联动、相互印证”排查整治。2021年全国检察机关共记录报告有关事项16.2万件，是2020年的2.4倍。

最高检直接组织两轮跨省交叉巡回检察，发现并监督10所监狱整改各类问题600余个。组织开展“司法工作人员职务犯罪侦查百日攻坚”行动，共立案侦查司法工作人员相关职务犯罪2200余人，同比上升58.6%。

常态化开展扫黑除恶斗争开局之年，检察机关共起诉涉黑涉恶犯罪2.1万人。

在反腐败斗争中，检察机关协同完善监察执法与刑事司法衔接机制，起诉职务犯罪1.9万人，同比上升11.2%。

在打击电信网络诈骗犯罪方面，检察机关注重加强对网络犯罪全链条惩治，全年起诉利用电信网络实施的犯罪28万余人，同比上升98.5%。

在生态环境保护方面，检察机关起诉破坏生态环境资源犯罪4.9万人，办理相关公益诉讼案件8.8万件。

2021年，检察机关持续加大反洗钱工作力度，起诉洗钱犯罪1200余人。

深入推进涉案企业合规改革试点，2021年企业合规改革试点范围扩大，10个省份、61个市级检察院、381个基层检察院开展第二期试点，共办理涉企业合规案件600余件。

对涉民营企业“挂案”，最高检会同公安部抓实新一轮专项清理，共排查出6900余件，已清理6200余件。

2021年，全国检察机关新收群众信访89.5万余件，均在7日内告知“已收到、谁在办”，3个月内办理过程或结果答复率超过98%。

检察机关积极履行法律监督、办案机关职能，共办理支持起诉案件5.9万件。

针对一些行政诉讼“程序空转”，案虽结、事难了，常态化开展行政争议实质性化解活动，共有效化解行政争议9100余件。

2021年，检察机关坚持依法可救尽救，向4.75万余名生活困难的当事人及其近亲属发放司法救助金6.12亿余元，同比分别上升49.9%和47.2%。

检察机关牢记“公共利益代表”职责，促进补强公益保护领域治理短板，公益诉讼立案办理17万件，办案量逐年上升。（新华视点）

附　录

中国共产党第十九届中央纪律检查委员会第六次全体会议公报

中国共产党第十九届中央纪律检查委员会第六次全体会议，于2022年1月18日至20日在北京举行。出席这次全会的有中央纪委委员125人，列席242人。

中共中央总书记、国家主席、中央军委主席习近平出席全会并发表重要讲话。李克强、栗战书、汪洋、王沪宁、赵乐际、韩正等党和国家领导人出席会议。

全会由中央纪律检查委员会常务委员会主持。全会以习近平新时代中国特色社会主义思想为指导，全面贯彻落实党的十九大和十九届历次全会精神，总结2021年纪检监察工作，部署2022年任务，审议通过了赵乐际同志代表中央纪委常委会所作的《运用党的百年奋斗历史经验推动纪检监察工作高质量发展，迎接党的二十大胜利召开》工作报告。

全会认真学习、深刻领会习近平总书记重要讲话。一致认为，讲话深刻总结新时代党的自我革命的成功实践，深刻阐述全面从严治党取得的历史性、开创性成就，产生的全方位、深层次影响，对坚持不懈把全面从严治党向纵深推进、迎接党的二十大胜利召开作出战略部署。讲话立意高远、思想深邃、内涵丰富，充分体现了以习近平同志为核心的党中央信念坚定、无私无畏的境界情怀，正视问题、刀刃向内的政治勇气，不忘初心、勇毅前行的使命担当，具有很强的政治性、指导性、针对性，是推进新时代党的建设新的伟大工程的基本遵循，是纪检监察工作高质量发展的行动指南。习近平总书记对纪检监察干部队伍寄予殷切期望，提出明确要求。要深入学习贯彻习近平总书记关于党的自我革命的战略思想，不断提高政治判断力、政治领悟力、政治执行力，继续打好党风廉政建设和反腐败斗争攻坚战、持久战，为保持平稳健康的经济环境、国泰民安的社会环境、风清气正的政治环境作出应有贡献。

全会指出，2021 年是党和国家历史上具有里程碑意义的一年。以习近平同志为核心的党中央团结带领全党全国各族人民，隆重庆祝中国共产党成立一百周年，胜利召开党的十九届六中全会、制定党的第三个历史决议、全面总结党的百年奋斗重大成就和历史经验，开展党史学习教育，如期打赢脱贫攻坚战，如期全面建成小康社会、实现第一个百年奋斗目标，开启全面建设社会主义现代化国家、向第二个百年奋斗目标进军新征程，党和国家各项事业取得新的重大成就，“十四五”实现良好开局。在党中央坚强领导下，中央纪委国家监委和各级纪检监察机关深入学习领悟习近平新时代中国特色社会主义思想，深刻认识“两个确立”的决定性意义，自觉担负“两个维护”重大政治责任，深刻把握纪检监察工作在推进党的自我革命中的职责任务，稳中求进、坚定稳妥，实事求是、守正创新，保持全面从严治党永远在路上的清醒坚定，保持正风肃纪、反腐惩恶的战略定力，围绕现代化建设大局发挥监督保障执行、促进完善发展作用，纪检监察工作高质量发展取得新成效。深入学习党的十九届六中全会精神和习近平总书记关于党的历史的重要论述、在庆祝中国共产党成立 100 周年大会上的重要讲话，增强历史自信，练就斗争本领，坚定全面从严治党的政治自觉。紧紧围绕“十四五”开好局加强政治监督，强化对“一把手”和领导班子的日常监督，纠正贯彻落实党中央方针政策和工作部署存在的政治偏差。坚决查处重大腐败案件，严肃查处政治问题和经济问题交织的腐败案件，加大国企、金融、政法、粮食购销、开发区建设等领域反腐败力度，做实以案促改、以案促治。一刻不停歇推动落实中央八项规定精神，深化纠治形式主义、官僚主义、享乐主义和奢靡之风，加强对换届纪律风气的监督。持续深化政治巡视，发挥巡视巡察综合监督作用。坚持依规依纪依法，深化运用“四种形态”，精准规范实施问责。围绕巩固拓展脱贫攻坚成果同乡村振兴有效衔接开展过渡期专项监督，深化民生领域腐败和作风问题专项治理，扎实推进“我为群众办实事”实践活动，坚决惩治涉黑涉恶腐败和“保护伞”。深化纪检监察体制改革，加强法规制度建设，严格监督约束执纪执法权，坚决防止“灯下黑”。全会总结了过去一年实践中形成的认识体会，在肯定成绩的同时，实事求是分析了纪检监察工作和干部队伍建设存在的问题，要求高度重视、切实加以解决。

全会提出，2022 年将召开党的二十大，这是党和国家政治生活中的一件大事。做好纪检监察工作，要以习近平新时代中国特色社会主义思想为指导，全面贯彻落实党的十九大和十九届历次全会精神，增强“四个意识”、坚定“四个自信”、做到“两个维护”，坚持稳中求进工作总基调，立足新发展阶段，完整、准确、全面贯彻新发展理念，构建新发展格局，推动高质量发展，自觉把握和运用党的百年奋斗历史经验，弘扬伟大建党精神，永葆自我革命精神，坚持全面从严治党战略方针，坚定不移将党风廉政建设和反腐败斗争进行到底，持续深化不敢腐、不能腐、不想腐一体推进，惩治震慑、制度约束、提高党悟一体发力，努力取得更多制度性成果和更大治理成效，加强纪检监察机关规范化、法治化、正规化建设，更好发挥监督保障执行、促进完善发展作用，迎接党的二十大胜利召开。

全会强调，勇于自我革命是我们党区别于其他政党的显著标志，是党跳出治乱兴衰历史周期率、历经百年沧桑更加充满活力的成功秘诀。各级纪检监察机关要坚持用马克思主义中国化最新成果武装头脑，提高政治站位，坚守职责定位，发扬彻底的自我革命精神，坚决消除存量、遏制增量，把正风肃纪反腐与深化改革、完善制度、促进治理、推动发展贯通起来，在维护党的集中统一领导、督促落实党的理论和路线方针政策、捍卫党的先进性和纯洁性上忠诚履职，有力有效服务保障党和国家工作大局。

第一，深入学习贯彻党的十九届六中全会精神，聚焦“国之大者”推动政治监督具体化常态化。以迎接和开好党的二十大为主线，深入学习贯彻习近平新时代中国特色社会主义思想，深化运用党的自我革命历史经验，巩固拓展党史学习教育成果。紧紧围绕党中央决策部署，聚焦把握新发展阶段、贯彻新发展理念、构建新发展格局、推动高质量发展等重大战略，聚焦全面深化改革开放、促进共同富裕、推进科技自立自强、防范化解重大风险等重点任务，加强监督检查，推动落实落地，确保不偏向、不变通、不走样。紧盯“关键少数”，加强对“一把手”和领导班子落实全面从严治党责任、执行民主集中制、依规依法履职用权等情况的监督。严肃换届纪律风气，严把政治关和廉洁关，对拉票贿选、说情打招呼、破坏选举等行为，发现一起、查处一起。

第二，保持反对和惩治腐败的强大力量常在，坚定不移把反腐败斗争推向纵深。主动应对反腐败斗争新形势新挑战，坚决防范和查处“七个有之”问题，对在党内搞政治团伙、小圈子、利益集团的人毫不手软，对年轻干部从严教育管理监督。着力查处资本无序扩张、平台垄断等背后腐败行为，斩断权力与资本勾连纽带。严格财经纪律，促进防范和化解地方政府隐性债务风险。坚决查处基础设施建设、公共资源交易等方面腐败问题，持续推进金融领域腐败治理，深化国企反腐败工作，深化粮食购销等领域腐败专项整治。探索实施行贿人“黑名单”制度。推进“天网行动”，加强反腐败国际合作。深化“四种形态”运用机制，深化以案促改，加强廉洁文化建设，完善一体推进不敢腐、不能腐、不想腐制度机制。

第三，持续加固中央八项规定堤坝，坚持不懈整治群众身边腐败和不正之风。密切关注“四风”苗头性、倾向性、隐蔽性问题，坚决纠治影响党中央决策部署贯彻落实、漠视侵害群众利益、加重基层负担的形式主义、官僚主义，深入整治损害党的形象、群众反映强烈的享乐主义、奢靡之风，查处不尊重规律、不尊重客观实际和群众需求的乱作为问题以及推诿扯皮、玩忽职守、不思进取的不作为问题。加强对乡村振兴重点项目推进情况监督检查，推动“打伞破网”常态化。

第四，健全巡视巡察上下联动格局，实现高质量全覆盖目标任务。聚焦“两个维护”根本任务，紧扣履行党的领导职能责任，重点检查落实“十四五”规划、贯彻新发展理念、执行换届纪律等情况。创新巡视组织方式，实现中央和省区市党委巡视、市县巡察全覆盖。推动落实党委（党组）整改主体责任，强化日常监督和专项检查，督促做好中央金融单位巡视整改“后半篇文章”。加强对省区市巡视工作的领导指导，深化对中央单位内部巡视分类指导，推动提升对村（社区）巡察实效。全面总结十九届巡视巡察工作，向党中央专题报告。

第五，促进纪检监察体制改革系统集成、协同高效，推动制度优势转化为治理效能。按照党统一领导、全面覆盖、权威高效要求，坚持以党内监督为主导，做实专责监督、贯通各类监督。围绕监督检查、审查调查等关键环节，进一步加强上级纪委监委对下级纪委监委、派出机关对派驻机构的领导，加强对驻在部门机关纪委履职情况的监督指导，全面加强中管企业、中管高校纪检监察工作，不断完善纪检监察法规制度体系。

第六，落实政治过硬、本领高强要求，努力做党和人民的忠诚卫士。加强中央纪委常委会自身建设，做深做实机关党的政治建设。深入贯彻《中国共产党纪律检查委员会工作条例》，分级分类实施全员培训。完善监督执纪执法权力运行内控机制，坚决查处执纪违纪、执法违法、失职失责行为，切实解决“灯下黑”问题，自觉做遵纪守法的标杆。

全会号召，要更加紧密地团结在以习近平同志为核心的党中央周围，大力弘扬伟大建党精神和自我革命精神，忠诚履职、团结奋斗，坚定信心、勇毅前行，推动全面从严治党、党风廉政建设和反腐败斗争向纵深发展，坚定不移走中国特色反腐败之路，以实际行动迎接党的二十大胜利召开！

新华社北京 1 月 20 日电